Louis GUIBERT
Instituteur à Rocquencourt

ROCQUENCOURT

SES ORIGINES

SES DIFFÉRENTS SEIGNEURS

SON HISTOIRE

VERSAILLES
IMPRIMERIE CERF ET Cⁱᵉ
59, RUE DUPLESSIS, 59

1896

Louis GUIBERT

Instituteur à Rocquencourt

ROCQUENCOURT

SES ORIGINES

SES DIFFÉRENTS SEIGNEURS

SON HISTOIRE

VERSAILLES

IMPRIMERIE CERF ET Cie

59, RUE DUPLESSIS, 59

—

1896

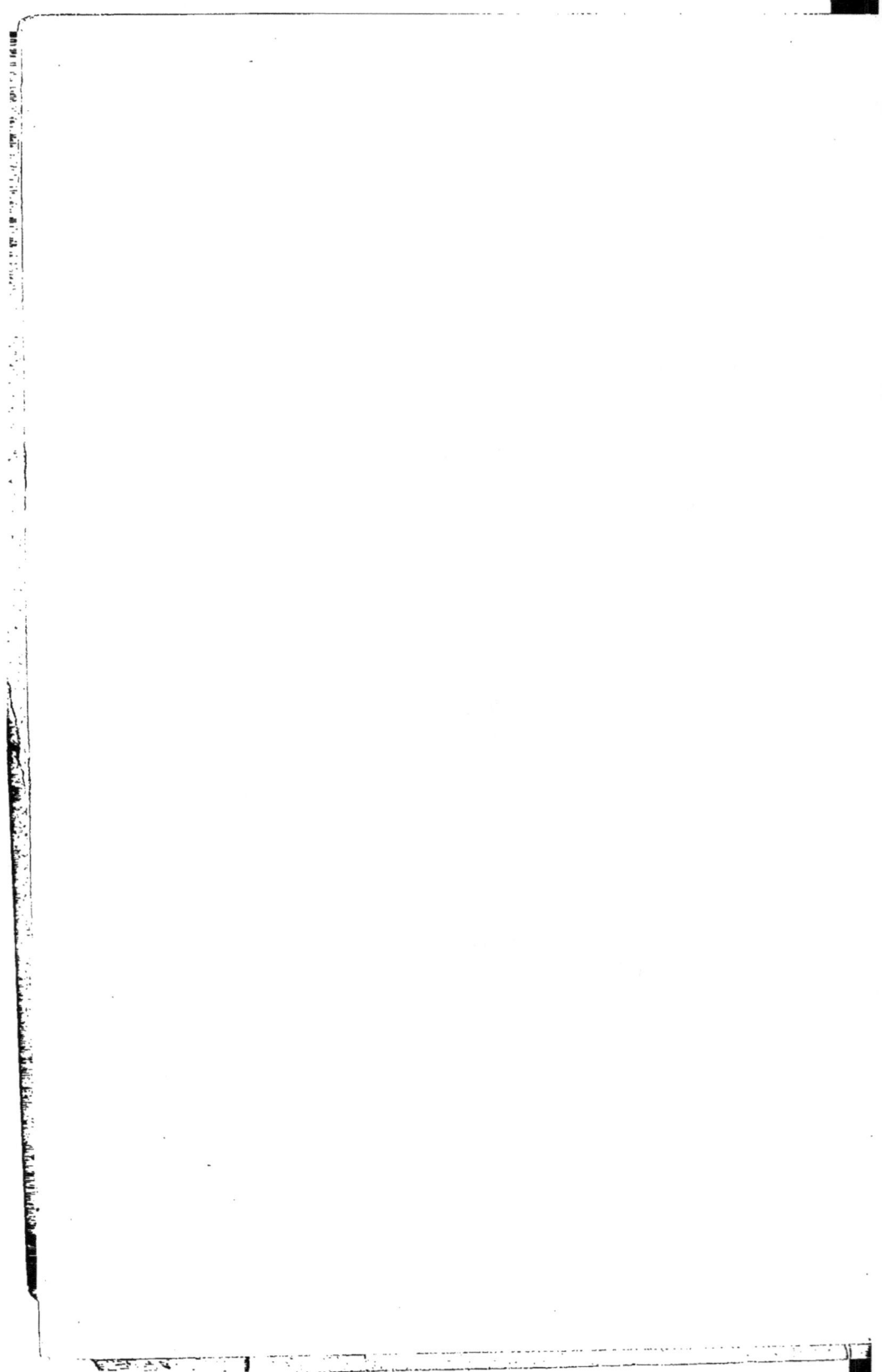

A

Madame FURTADO-HEINE

HOMMAGE

du plus profond respect

et

de la plus sincère gratitude

Louis GUIBERT

Instituteur.

ROCQUENCOURT

(*Rocconis curtum*), c'est-à-dire : la cour, le domaine de Roccon, date de l'époque gallo-romaine. Ce nom paraît pour la première fois en l'année 678.

Château de Rocquencourt (façade sud)

On écrivit d'abord : 1º en langue latine : *Rocconcurtis* (691), — *Rocconis curtis* (862), — *Rocquencuria;* — et 2º en langue romane : *Rogancort* (1193), — *Rocencort* (1209), — *Rokencort* (1211), — *Rocquencort* (1230).

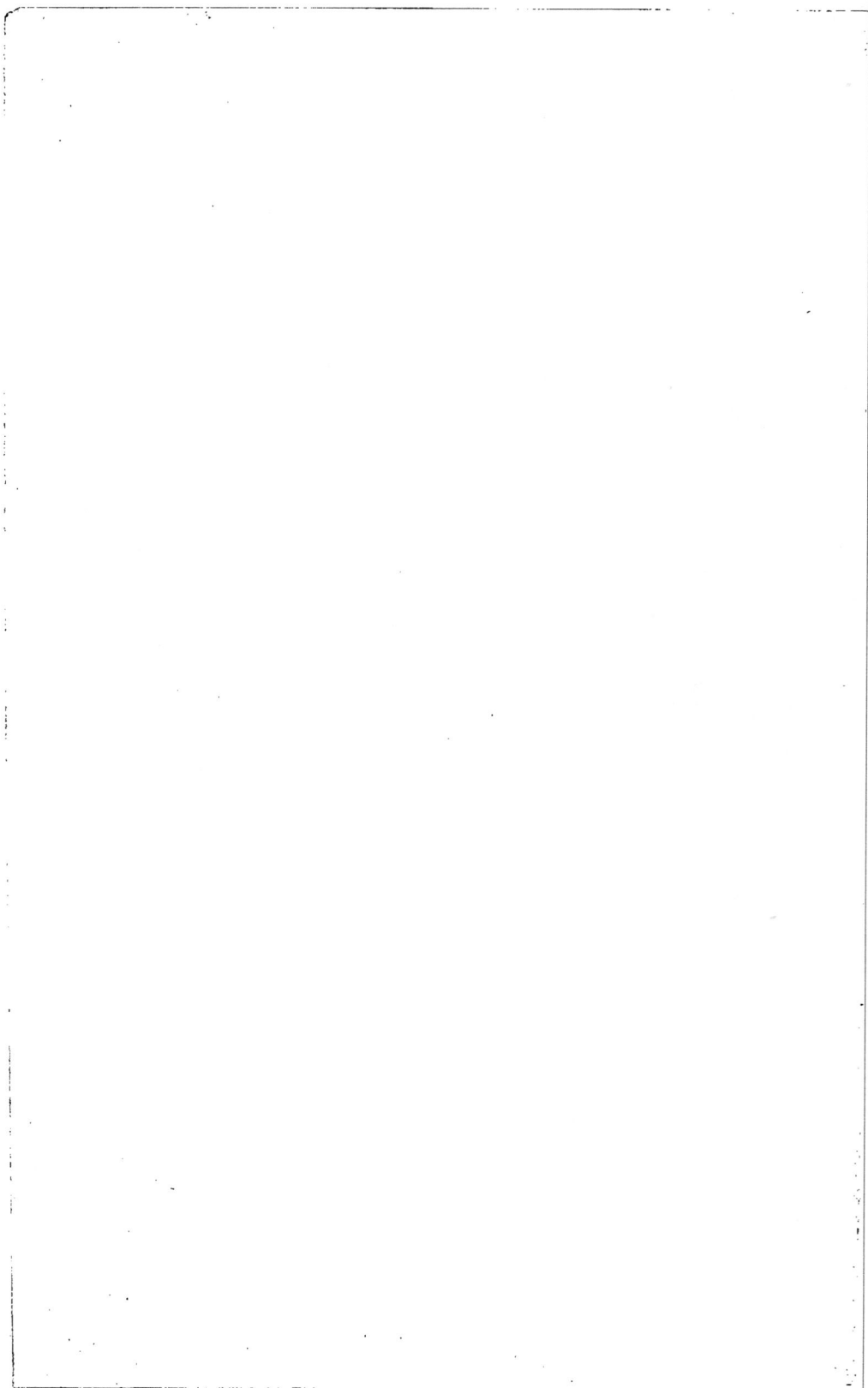

PREMIÈRE PARTIE

ADMINISTRATION

SITUATION ADMINISTRATIVE ET GÉODÉSIQUE
DÉLIMITATION — TERRITOIRE
CONSTITUTION GÉOLOGIQUE DU SOL — DIVISION CADASTRALE
HYDROGRAPHIE
COMMERCE ET INDUSTRIE — VOIES DE COMMUNICATION
ÉTAT DU VILLAGE — USAGES LOCAUX

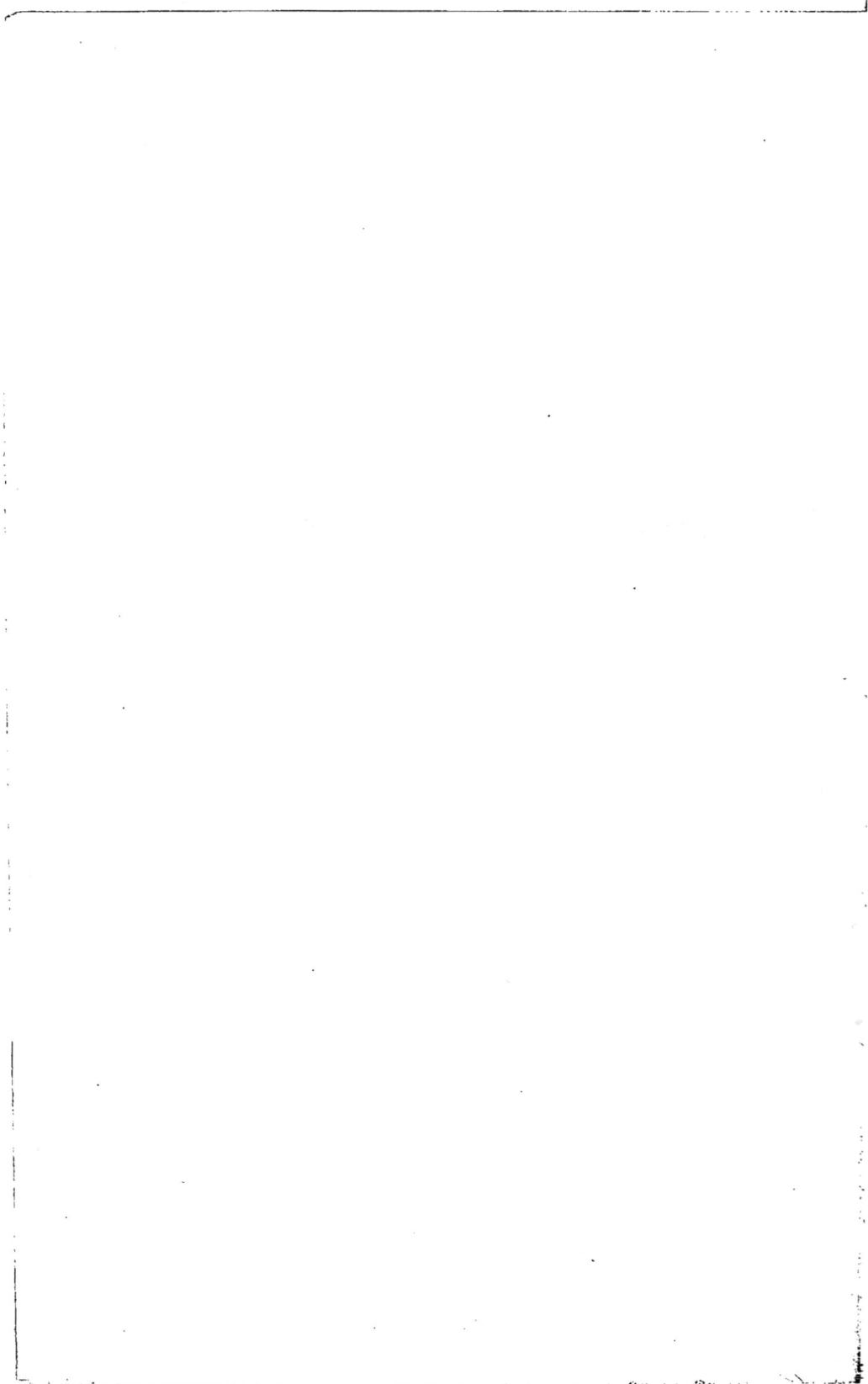

CHAPITRE PREMIER

SITUATION

ADMINISTRATIVE ET GÉODÉSIQUE

Deux villages, en France, portent le nom de Roc-QUENCOURT :

L'un de 400 habitants, dans le département de l'Oise (arrondissement de Senlis) desservi par le bureau de poste du Mesnil-Saint-Firmin ;

L'autre, objet de la présente monographie, est l'une des huit communes du canton de Versailles-ouest, arrondissement de Versailles, ville située à 4 kilomètres environ, au sud.

Les autres communes sont : 1° Bois-d'Arcy ; 2° Le Chesnay ; 3° Fontenay-le-Fleury ; 4° Guyancourt ; 5° Montigny-le-Bretonneux ; 6° Saint-Cyr-l'École ;

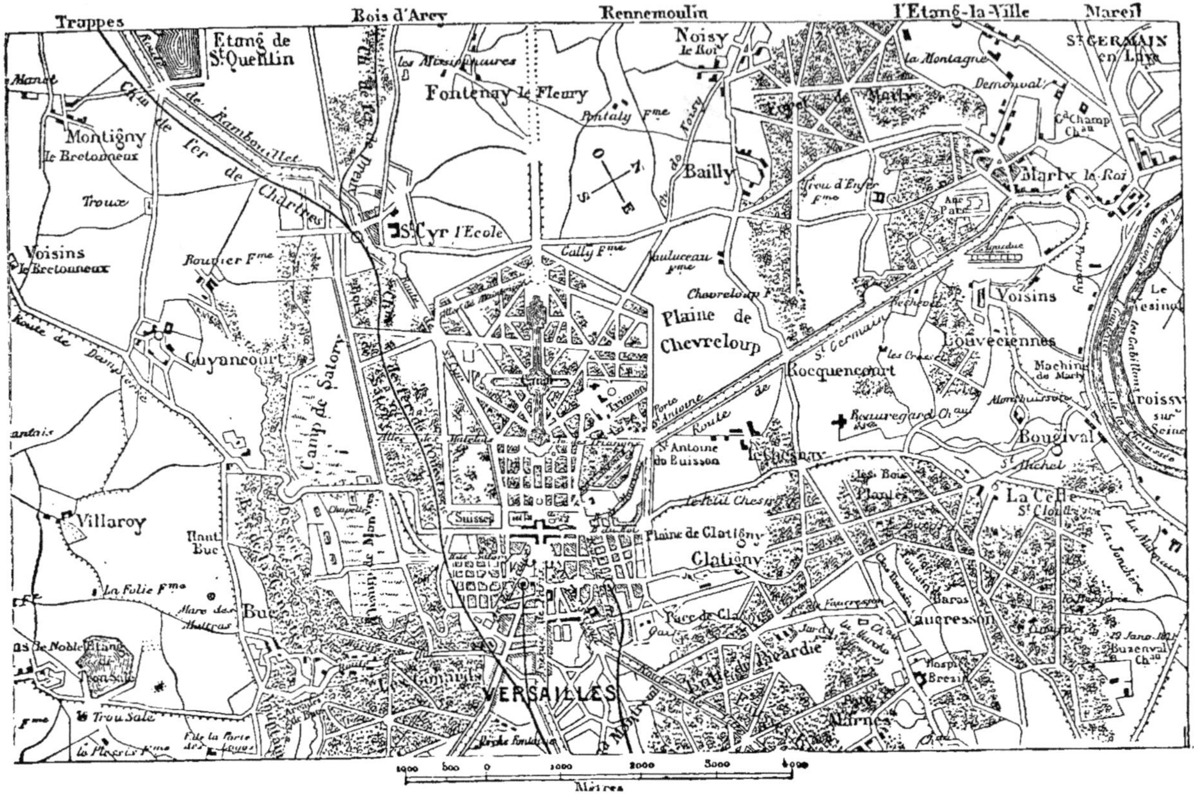
Trappes
Bois d'Arcy
Rennemoulin
l'Etang-la-Ville
Mareil
Etang de St Quentin
St GERMAIN en Laye
Montigny le Bretonneux
Fontenay le Fleury
Noisy le Roi
Bailly
Marly le Roi
St Cyr l'Ecole
Voisins le Bretonneux
Guyancourt
Camp de Satory
Plaine de Chevreloup
Rocquencourt
Louveciennes
Voisins
Bougival
Le Chesnay
La Celle St Cloud
Villaroy
Buc
VERSAILLES
Vaucresson
Croissy sur Seine
Le Vesinet
Machine de Marly
Plaine de Clagny
Clagny
Trou Salé
Metres

7º Trappes et 8º, dans la ville de Versailles, une partie des quartiers Saint-Louis et Notre-Dame limitée, à l'est, depuis la grille de l'Orangerie jusqu'au rond-point placé au-delà de la barrière de Saint-Germain, par le milieu de la rue Gambetta, de la cour du Palais, de la rue des Réservoirs et du boulevard du Roi.

La population n'est plus aujourd'hui que de 200 habitants (Recensement de 1891).

Le village est situé sur le versant méridional d'un coteau couronné par les bois de Vaucresson (village à 3 kilomètres et demi) d'un côté ; et de l'autre par la forêt

Saint-Cyr-l'École.

de Marly (ville à 3 kilomètres un quart).

Il a pour perspective un panorama magnifique comprenant : au sud-est, la commune du Chesnay ; au sud, la ville de Versailles et son parc ; à l'ouest, la plaine de Gally, limitée par les majestueuses futaies de Trianon. L'horizon s'étend aux bois de Satory, aux hauteurs de Saint-Cyr-l'École, et à celles de Fontenay-le-Fleury.

ROUTES. — Le village est traversé du sud au nord :
1° par la route nationale n° 184 allant de Versailles à Pontoise, par Saint-Germain-en-Laye ; 2° et de l'est à l'ouest, par l'ancienne route départementale n° 5 de Saint-Cloud à Mantes. Dans la nouvelle classification des routes, celle-ci est désignée sur le Tableau des chemins de grande communication sous le n° 70 et dénommée : route de Mantes (depuis la route nationale n° 190) à Suresnes (Seine) par Noisy-le-Roi, Bailly, Vaucresson, etc., avec embranchement B de Rocquencourt à Versailles par Le Chesnay au sud-est. C'est l'ancien chemin d'intérêts communs n° 115.

Rocquencourt est situé à 40°47'75" de latitude septentrionale, et à 0°12'44" de longitude occidentale du méridien de Paris.

ALTITUDE. — Son altitude varie beaucoup. La forêt de Marly se trouve à 155^m,90. En suivant la route de Saint-Cloud, à vingt mètres au-dessous de la fontaine, on est à 152^m,12 ; à quarante mètres, on n'est plus qu'à 151^m,60 ; puis le sol s'élève. La grille de la fontaine publique est à 154^m,75 ; puis à cinquante mètres au-dessus, en suivant la route de Saint-Germain, on se trouve à 158^{m}56 ; cent mètres plus loin, on est à 162^m,07 ; à trois cents mètres, en face de la borne kilométrique n° 5, c'est le point culminant 175^m,10. L'endroit le moins élevé se trouve au lieu dit l'Étang : 137 mètres, mais pris sur la route de Versailles ; le sol de l'étang n'est qu'à 130 et 131 mètres. Le terrain qui se trouve enfermé dans les dépendances de la ferme de Gally ne serait qu'à 130 mètres environ.

A droite et à gauche, on ne voit pas de différence bien remarquable; ainsi, l'endroit où s'élève la gendarmerie est à 136 mètres. Dans la forêt, le bord de la lisière des bois situés au-dessus de la maison du garde des eaux, est à 140 mètres.

Justice. — Rocquencourt est compris dans le 3ᵉ arrondissement judiciaire dont Versailles est le chef-lieu, et il relève du Tribunal de 1ʳᵉ instance de cette ville.

Pour la police, il fait partie de la 1ʳᵉ circonscription de Versailles, dont le bureau est à la Halle, et comprend le quartier nord de la ville (*limité au sud par le côté gauche de la place d'Armes, à partir de la statue de Louis XIV, le côté gauche de l'avenue de Saint-Cloud et le côté gauche de l'avenue de Picardie*) ainsi que les communes du Chesnay et Fontenay-le-Fleury.

Les audiences de simple police ont lieu le samedi, à midi, à la mairie de Versailles. Les lettres de conciliation doivent être demandées, au greffe, le mercredi avant midi.

Armée. — Au point de vue militaire, le département de Seine-et-Oise fait partie du gouvernement de Paris. Les disponibles et les réservistes de l'armée active, ainsi que les hommes de l'armée territoriale domiciliés dans le département sont répartis en principe entre les corps d'armée voisins et affectés, en ce qui regarde les arrondissements de Mantes et de Versailles, au 3ᵉ Corps.

Perception, etc. — Rocquencourt fait partie de la perception de Saint-Cyr-l'École, qui d'ailleurs comprend tout le canton de Versailles-ouest.

Il est desservi par la poste de Versailles. Cependant les dépêches sont transmises par le bureau de Louveciennes.

INSTRUCTION. — L'école primaire est mixte et compte une quarantaine d'élèves, y compris quelques-uns venant des communes voisines : Le Chesnay et La Celle-Saint-Cloud. Ces enfants sont autorisés à venir à Rocquencourt, à cause de la grande distance qui les sépare de leurs écoles respectives. Elle est comprise dans la 1re circonscription de l'Inspection primaire, dont le siège est à Versailles, et relève de l'Académie de Paris.

CHAPITRE II

LIMITES

ROCQUENCOURT, est borné : Au nord, à gauche de la route de Saint-Germain, par le territoire de LOUVECIENNES (*Mons Lupicinus*, 862 ; — *Lupicenæ*, au XIIᵉ siècle ; — *Lupicernæ* ; — *Laoceines* ; — *Luciennes*, qui est encore fréquemment employé). Tout ce terrain est enclavé dans la forêt de Marly. Cette commune a 1,200 habitants. On y remarque l'ancien château de la trop fameuse Madame du Barry ; celui du Maréchal Magnan ; l'église, qui est classée au nombre des monuments historiques ; l'aqueduc dit de Marly, mesurant 650 mètres de long sur 33 de hauteur et comptant 36 arches, construit pour conduire à Versailles l'eau de la Seine prise à Bougival.

Au nord-est, à droite de cette même route et jusqu'à celle de Saint-Cloud, par le domaine de BEAUREGARD, situé sur la commune de LA CELLE-SAINT-CLOUD (*Villare*, au IXᵉ siècle ; *Cella juxta Bogival ; — Cellœ, 1459 ; — Cella ad Sanctum Clodoaldum*).

Étangs
de
Saint-Cucufa

Ce château de la Celle-Saint-Cloud commencé au xviie siècle fut achevé par le prince de Marcillac et Louis XIV y vint avec toute sa cour en 1695. Il fut ensuite acheté et embelli par la marquise de Pompadour. Les bois de la Celle offrent de magnifiques promenades, très connues et très fréquentées surtout du côté des étangs de Saint-Cucufa.

Le magnifique château qui s'élève maintenant à Beauregard n'est pas celui que possédait et avait fait bâtir, à la fin du xviie siècle, le fameux Père La Chaise, confesseur de Louis XIV.

Et pourtant que de souvenirs ne rappelait-il pas ! Là, Quinault et Lully, l'un poète et l'autre musicien, s'étaient réunis pour l'étude et la répétition de leurs opéras !

Parmi ses nombreux propriétaires, il faut citer : le cardinal de Fürstemberg ; Anisson Duperron ; le marquis de Lamberville ; le duc de Fitz-James ; le duc d'Artois, qui monta plus tard sur le trône de France sous le nom de Charles X et qui y fit élever ses fils, les ducs d'Angoulême et de Berry. Ensuite, le baron de Ganifet le vendit à Napoléon III qui, à son tour et après l'avoir agrandi, le céda à Madame Trelowney. Celle-ci s'est rendue célèbre sous le nom de mistress Howard ; mais, dans la suite, elle échangea ce nom contre celui de comtesse de Beauregard. Sur l'emplacement même des anciens bâtiments, elle fit élever pendant les premières années du second Empire (1855) la somptueuse habitation qui existe aujourd'hui. Le domaine passa ensuite aux mains de son fils, le comte de Béchevet, et après à la duchesse de

Beauffremont. Il est actuellement (depuis 1872) la propriété du baron de Hirsch.

Au sud-est par le Chesnay (*Quercetum; — Canoilum*, 1122; — *Cheneium;* —*Chesnetum*, au x111ᵉ siècle) depuis cette route jusqu'à celle de Versailles. Le Chesnay, qui compte aujourd'hui 3000 habitants se divise en deux parties :

1º Le *Petit-Chesnay*, qui est le plus populeux et le centre

Bois et lac (Beauregard).

LA CELLE

LOUVECIENNE

LA CELLE

Parc

Chemin du Trou d'Enfer

FORÊT DE MARLY
Propriété Nationale
Bois: 20 Hares

CHÂTEAU

La Charmille

Fontaine

BAILLY

Potager

Puits

Haras

Aqueduc souterrain

PLAINE DE VOLUCEAU
Terres: 20 Hares, dépendances
de la ferme du Trou d'Enfer

Lavoir

L'ÉTANG

Prés

LE CHESNAY

Gendarmerie

Petit
Parc de Versailles

CHÈVRELOUP

Porcherie

Propriété Nationale

Terres dépendantes de la ferme
du
Val de Gally

VERSAILLES

170 Hares

CARTE
DE
Rocquencourt
d'après
le Cadastre

Allée du Rendez vous

BAILLY

VERSAILLES

Allée de Bailly

de la commune, va se confondre avec Versailles, dont il n'est qu'un faubourg ;

2° Le *Grand-Chesnay*, berceau de la paroisse est le moins peuplé. On y remarque la propriété du baron Caruel de Saint-Martin (aujourd'hui vendue) avec son parc dessiné par Le Nôtre ; — l'église, avec un tableau remarquable au maître-autel ; — Bel-Air, maison de campagne du célèbre docteur Ricord, décédé en 1889 ;

Au sud, de l'autre côté de la route, par la ville de Versailles ; ce sont les terres du petit parc et celles de Tria-

Ferme de Trianon.

non, dont on aperçoit les maisons rustiques à travers les arbres des allées et des avenues. A l'ouest, par la commune de Bailly, depuis la porte

de ce nom jusqu'au territoire de Louveciennes par la
forêt de Marly. Ce village (*Balliacum,* au xiii⁰ siècle ; —
Bailletum ; — Baali ; — Baalli, en 1207) eut les Gondy
pour seigneurs. Albert de Gondy quitta Bailly en 1585
pour se retirer à Noisy-le-Roi, dans le magnifique château qu'il avait fait construire. Ce domaine fut vendu
en 1656 à la famille Bossuet. Le chœur de l'église a
été construit par Mme de Maintenon.

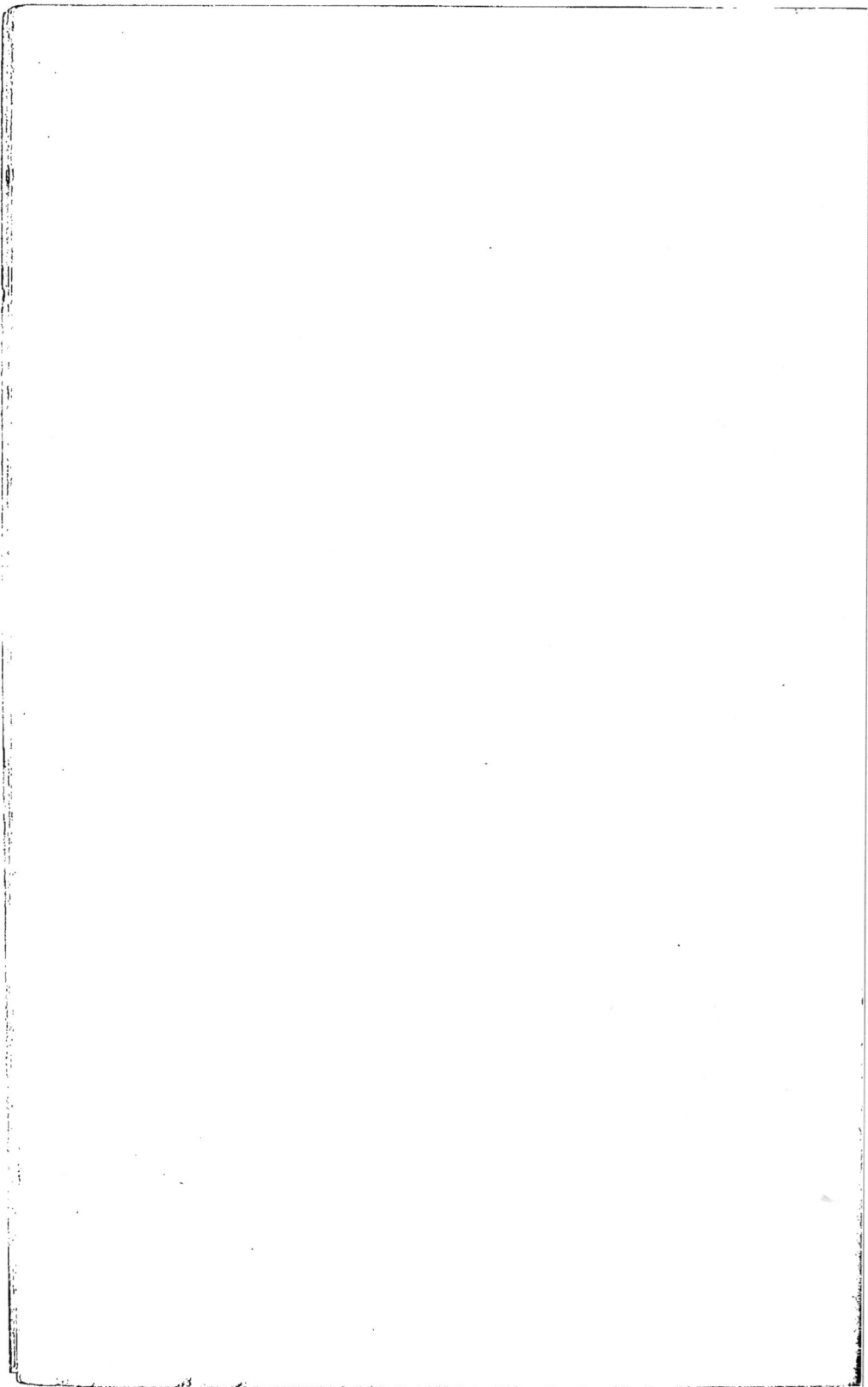

———

CHAPITRE III

TERRITOIRE

Le territoire de la commune de Rocquencourt n'a que 277 hectares de superficie. Ceci explique jusqu'à un certain point le peu d'importance du village; surtout quand on saura que les domaines de l'Etat occupent une surface de 207 hectares !

En effet, le gouvernement possède sur le terroir de Rocquencourt, au nord-ouest, la ferme du Val de Gally dont les dépendances prennent environ 170 hectares. Cette plaine est complètement entourée de murs, et forme le petit parc de Versailles, livré à l'agriculture : c'est la portion de terrain comprise entre la route nationale, la route départementale et le village. Le droit de chasse y est généralement sous-loué.

2

La portion de la forêt de Marly qui se trouve sur le territoire de la commune représente une surface d'environ 40 hectares, ainsi répartis : bois, 19 hectares ; terres et prés 20 à 21 hectares. Ces terrains dépendent d'une autre ferme domaniale au Trou d'Enfer (commune de Marly-le-Roi) et si célèbre autrefois par les revues passées sous Louis XIV et ses successeurs.

Le département de Seine-et-Oise compose, avec ceux

Vue de forêt.

de Seine-et-Marne, de l'Oise et de la Seine, le premier arrondissement forestier et forme l'inspection de Paris-Ouest, la chefferie de Saint-Germain et l'inspection de

Rambouillet. La forêt de Marly fait partie de la chefferie de Saint-Germain, qui comprend une partie de l'arrondissement de Versailles et tout l'arrondissement de
Mantes.

Cette forêt est fameuse par les souvenirs de toute nature laissés par Louis XIV et par les grandes chasses qui
s'y sont faites sous tous les gouvernements. Les arbres
séculaires y sont nombreux et magnifiques, « les clai-
rières forment des paysages sylvestres d'une rare expres-
sion ». Les tirés et un petit pavillon, où descendaient na-
guère le Président de la République et ses invités, se
trouvent sur Rocquencourt. C'est là qu'après chaque
hécatombe, avait lieu le « tableau » où chevreuils,
faisans et surtout lapins y étaient entassés par cen-
taines.

Mais le Génie militaire a pratiqué çà et là de larges
coupes ; des baraquements d'artillerie, des batteries et
des redoutes s'étendent à l'est un peu partout sur le sol
dépouillé. Les batteries de Bailly, du Champ-de-Mars, de
la Vauberderie, des Arches, de l'Auberderie, voisines et
capables de s'entr'aider mutuellement de leurs feux,
composent un redoutable camp retranché : elles sont situées sur plusieurs communes.

Immédiatement après la guerre de 1870-1871 et durant le séjour de l'Assemblée Nationale à Versailles, le
gouvernement créa (octobre 1871) les camps de Rocquencourt, Satory et Villeneuve-l'Etang. Celui de Rocquencourt fut établi sur le plateau, au nord de la commune,
dans la forêt de Marly. On y comptait 3,500 hommes et
environ 2,000 chevaux, provenant du train des équipages,

cuirassiers, génie et infanterie. Ce camp fut supprimé au mois de mai 1878.

Ces deux propriétés nationales occupent tout le côté ouest du territoire et Mme Heine possède presque tout le côté est, soit 45 hectares. Il reste environ 20 hectares de terrain que se partagent quelques autres propriétaires fonciers. La plus grande partie de ces terres est en prairies naturelles destinées à l'élevage du cheval.

Outre la forêt de Marly et le parc du château, il n'y a pas d'autres bois appartenant à des particuliers.

CHAPITRE IV

CONSTITUTION GÉOLOGIQUE
DU SOL

E N général, le fonds de terre est bon et favorable à toute espèce de culture. Cependant, dans la forêt de Marly, ce fonds est sablonneux ; en certains endroits même, on ne rencontre que quelques centimètres de terre végétale. Pas de pierre, sauf de la caillasse en ce qui concerne le bas de la forêt.

« ...Le sol est formé de grès et sables supérieurs, tandis que celui qui forme le sommet du coteau est un terrain lacustre supérieur contenant de la meulière... » (Cuvier et Brorgniart.)

Les arbres y sont d'une magnifique venue et la végétation est des plus luxuriantes. Aussi trouve-t-on des pro-

menades très agréables sous les arbres séculaires ou sous
les hautes futaies de chênes et de châtaigniers, traver-
sées par de larges routes tapissées d'une mousse épaisse
ou par des sentiers tortueux et sablés, comme ceux d'un
parc. Une multitude de faisans ou de lapins qui s'é-
lancent parmi les fougères ou quelques chevreuils effarés
viennent, par leur passage précipité, ajouter un nouvel
agrément à ces excursions déjà pleines de charme.

« Toute l'étendue du canton de Versailles et la partie
sud de celui de Saint-Germain se trouvent comprises à
l'est et à l'ouest entre deux protubérances crayeuses très
rapprochées. Entre ces deux éminences la craie forme un
bas-fond très prononcé.

» On y trouve du calcaire grossier, des marnes supé-
rieures au gypse dites marnes vertes. Au nord et à l'est
de Paris, le calcaire grossier est généralement recouvert
par des dépôts de gypse et de marne, dont l'origine est
due à des affluents d'eau douce et à des sources miné-
rales, c'est-à-dire sulfureuses.

» Au-dessus des marnes ci-dessus s'élèvent des amas de
sables renfermant des masses de grès que l'on exploite
même en pavés dans la forêt de Marly. » Aujourd'hui
cette exploitation est complètement abandonnée. « Ces
amas de sable, presque toujours colorés en rouge par
l'oxyde de fer et chargés de petites paillettes de mica
jaune, sont souvent blancs à leur partie inférieure; ils ne
renferment point de corps organisés. Ils ont été formés
par les derniers délaissements de la mer dans tous les
environs de Paris, probablement de la même manière
dont se forment encore les dunes sur nos côtes de

l'Océan. Ils constituent les collines qui environnent au sud, à l'est et au nord, le vallon que Versailles occupe.

» Sur les plateaux de sable et de grès qui entourent presque tout ce vallon se formèrent des lacs d'eau douce, dont la présence est attestée par des argiles bigarrées de diverses couleurs et renfermant des meulières poreuses et compactes que l'on a exploitées autour de la ville.

Trappes.

» Les terrains qui forment la base d'une partie du sol de cette contrée sont des sédiments supérieurs à la craie ; on ne trouve pas celle-ci à la surface du sol comme à

Meudon, à Bellevue, à Saint-Cloud. On n'y trouve pas davantage d'argile plastique. Elle forme l'extrémité du plateau de Villepreux. Plusieurs des couches ou des formations, en général les plus développées aux environs de Paris, deviennent moins importantes, ou manquent même tout à fait dans les environs de Versailles. Dans les environs de Saint-Cyr, on trouve un lit très mince de gypse, lequel est souvent tout à fait interrompu. Le terrain de septième formation (grès et sable sans coquilles) recouvre en grande partie cet espace ; le sol de la colline qui porte la forêt de Marly est sablonneux. Les grès et sables marins supérieurs forment le sommet des collines. Il paraît que des torrents ont anciennement creusé, dans l'épaisseur de ce terrain des vallons quelquefois considérables. La meulière de Trappes est composée d'un calcaire friable qui renferme des noyaux siliceux et qui est pétri de limmées, de phanorbes et de gyrogonites... » (Dulaure), etc...

La terre prise à deux places dans le potager a fourni à l'analyse les éléments suivants :

Dans le premier carré : azote 0,69 ; acide phosphorique 0,025 ; potasse 0,85 ; chaux 0,37.

Dans le second : azote 0,62 ; acide phosphorique 0,058 ; potasse 0,78 ; chaux 0,92.

Ce qui donnerait une moyenne de : azote 0,65 ; acide phosphorique 0,042 ; potasse 0,82 ; chaux 0,65. Donc il faudrait ajouter à l'hectare : 20 à 25 mètres de marne, et 1,000 kilogrammes de phosphate fossile.

CHAPITRE V

———

CADASTRE

Le cadastre de Rocquencourt ne comprend que deux sections.

Les « lieux dits » que renferme la première section A sont : 1° *le Village;* 2° *le Parc,* propriété exclusive de Mme Heine; 3° *les Prés* ou *la Furie,* à la même propriétaire; 4° *l'Etang,* qui fut agrandi en 1685; 5° *la Plaine de Voluceau* et *la Forêt de Marly,* domaine de la Couronne. Les biens de l'Etat, non imposables comprenaient, à l'ancienne mesure : 38 arpents 24 perches et 90 mètres. Il s'y trouvait 90 perches de vignes.

La deuxième section B renferme : 1° *le Clos de Chèvreloup;* 2° *la Mare aux Saules;* 3° *la Mare aux Buis-*

sons ; 4° *la Raie Tortue* et 5° *le Pommier.* Tout cela est complètement enclavé dans le parc de Gally.

Dans toutes ces dénominations, il n'y a rien à remarquer soit par l'indication d'une origine ancienne, soit par celle d'un point d'histoire locale. On y trouve les fontaines Saint-Pierre et Saint-Martin, sans aucune importance, comme aussi sans légende. Le domaine de la Couronne y figure pour 168 arpents 92 perches 10 mètres, dont 60 perches 15 mètres de ruisseau. Il y avait aussi 1 arpent 05 perches 25 mètres de vignes.

L'arpent métrique valait en arpent de la commune : 2 arpents 36 perches 368 pieds ; et la perche métrique en perche de la commune : 2 perches 148 pieds ; la perche de 20 pieds.

La totalité du territoire de Rocquencourt se décompose ainsi :

Domaine de la Couronne.......	196 Ha 72 ar 30 ca	
Chemins et places.............	9	80	25
Cours d'eau	»	60	15
Terres......................	70	14	80
Total.......	277 Ha 26 ar 50 ca	

Dans ces chiffres, les biens de l'Etat sont représentés comme il suit :

1° *Forêt de Marly.*

TERRE.	PRÉ.	BOIS.	TOTAL.
H. a. c.	H. a. c.	H. a. c.	H. a. c.
1.69.10 +	0.49.30 +	18.36.06 =	20.54.46
13.40	3.35		16.75
3.07.20			3.07.20
4.89.70 +	52.65 +	18.36.06 =	23.78.41

2° *Ferme de Gally.*

$$135.51.00 + 30.72.80 + 1.66.30 = 167.90.61$$

H. a. c.	H. a. c.	H. a. c.	H. a. c.
140.40.70 +	31.25.45 +	20.02.36 =	191.69.02

Les propriétés bâties sont réparties de la façon suivante :

	CLASSE.	NOMBRE.	TARIF.	TOTAL.
	1	1	1.000	1.000
	2	»	»	»
	3	4	300	1.200
	4	5	150	750
Maisons.....	5	3	60	180
	6	7	45	315
	7	12	30	360
	8	6	20	120
			Total...	3.130

Ces différents immeubles contiennent 21 portes cochères et 700 portes et fenêtres.

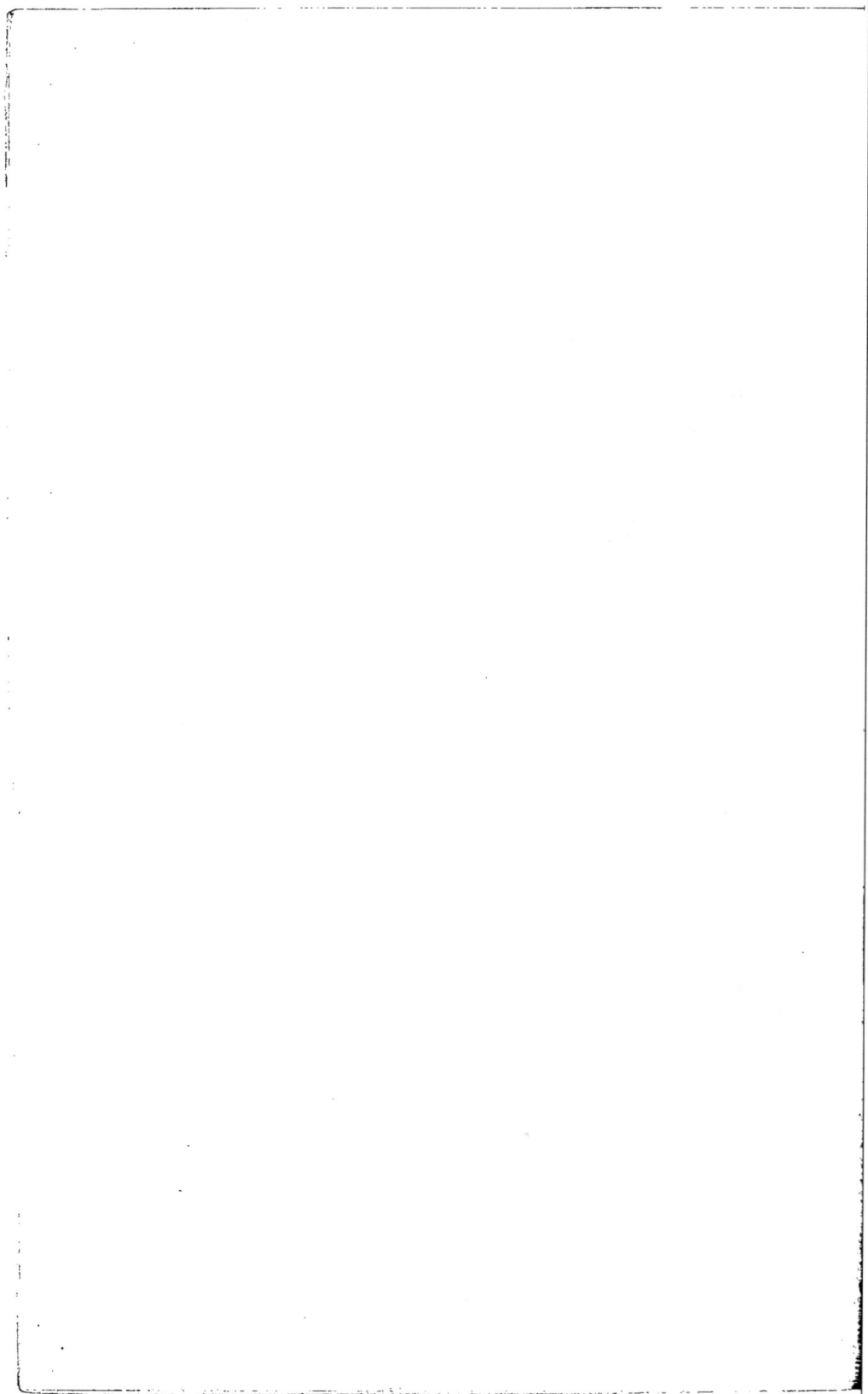

CHAPITRE VI

HYDROGRAPHIE

ocquencourt n'est pas favorisé du côté de l'eau. Il ne possède qu'un tout petit étang situé à l'extrémité sud du territoire et dans une prairie naturelle qui forme le fond actuel de l'ancien étang, situé à quatre mètres environ au-dessous du niveau de la route. Les terres sont soutenues par un mur épais.

Dans la plaine de Gally coule un tout petit rû, déversoir de cet étang. Les bas-fonds qu'il parcourt sont très marécageux.

L'eau nécessaire à la consommation journalière des habitants est livrée par l'Etat. En 1884-1885, d'immenses travaux de canalisation ont été opérés dans la

forêt de Marly pour aller prendre cette eau dans les
grands réservoirs des Deux-Portes. Elle est amenée dans
un autre plus petit (de la capacité de 100 mètres cubes) et
qui domine tout le pays. De là cette eau est distribuée
soit par concessions particulières, soit par la fontaine
publique. Celle-ci est située au centre du pays, au point
d'intersection (nord-est) des deux routes.

L'horloge.

Le château et toutes ses dépendances sont largement
approvisionnés par deux pompes à vapeur. L'une est éta-

blie sur un premier puits creusé en 1882-1883 : elle peut donner 20,000 litres d'eau à l'heure. Durant les chaleurs tropicales de certains étés, elle a fourni jusqu'à 350,000 litres d'eau par jour.

Dans le forage de ce puits, une première nappe avait été trouvée à 6 mètres environ. Comme elle était insuffisante, on continua à côté des recherches qui amenèrent la découverte d'une autre nappe à 37 mètres.

En 1888, on entreprit le forage d'un autre puits non loin de là, afin de suppléer au premier : il a 100 mètres de profondeur et est actionné par une seconde machine à vapeur.

Entre Rocquencourt et Chèvreloup se trouve une source peu abondante près de laquelle est établi le lavoir communal.

« Les fontaines de Versailles sont alimentées par un grand nombre de sources; celles du nord sont recueillies entre Bailly et Vauluceau dans un aqueduc, réunies au regard de Chèvreloup, amenées par un conduit en fer au regard de la grande pépinière entre la route de Saint-Germain et le chemin du Chesnay. Là, elles se mêlent à celles qui viennent de Rocquencourt et du Chesnay, puis elles sont enfin conduites au pavillon des sources, rue de la Pompe », aujourd'hui rue Carnot. (Dulaure, *Histoire des environs de Paris.*)

La dérivation de l'Avre, de la Vigne et de la Verneuil coupe souterrainement l'extrémité sud du territoire sur 104 mètres de longueur.

A l'extrémité sud du territoire se trouve l'ancien réservoir de Chèvreloup creusé en 1678 et qui occupait une surface de 15 arpents 60 perches de terre.

CHAPITRE VII

COMMERCE ET INDUSTRIE

LE commerce et l'industrie ne sont représentés dans la commune que par un peu de culture maraîchère, par l'établissement d'un haras et surtout par celui d'une porcherie.

Ce haras n'est plus aujourd'hui qu'une succursale par suite du transfert de l'établissement à Saint-Cloud. M. Auvray, son fondateur, se trouvant trop à l'étroit, est allé s'installer plus grandement dans les bâtiments de la Porte-Jaune (parc de Saint-Cloud), où il a installé une école d'équitation.

La porcherie est située sur la route de Versailles; on y pratique aussi l'élevage de la volaille. Cet établissement

3

fut fondé en 1872, par M. Garnier, qui l'a conduit jusqu'en 1892 : il pouvait livrer, en moyenne, chaque année
de 350 à 380 porcs gras. Ceux-ci étaient expédiés soit à
la Villette, soit à Versailles ; une petite quantité était prise
par les charcutiers des pays voisins.

Il est aujourd'hui tenu par M. Dollat, qui l'a considé-
rablement amélioré en y installant une machine à vapeur
pour la cuisson des légumes, en y faisant conduire
l'eau, etc...

Autrefois il s'est tenu, le dimanche matin, un marché
aux porcs assez important sur la commune. Les animaux,
expédiés par le chemin de fer, débarquaient à la gare des
Chantiers (à Versailles) et, de là, étaient dirigés les uns
sur Poissy, les autres sur Sceaux. Alors les marchands
des environs, et même ceux des communes assez éloignées,
se donnaient rendez-vous à Rocquencourt, faisaient leur
choix et procédaient à des achats très importants : c'était
une source de gros bénéfices pour le pays ; mais ce commerce fut défendu par un arrêté préfectoral pris d'après
une plainte du maire de Saint-Germain-en-Laye, faisant
ressortir dans sa lettre le préjudice que « ce marché
clandestin » (sic) causait aux finances de sa ville.

Malgré son peu d'importance, la commune, traversée
par deux grandes routes, présente un aspect des plus
animés :

1° Ce sont les troupes des différentes casernes de
Versailles et qui, en toute saison, passent et repassent,
allant soit en promenade, soit à l'exercice ;

2° Le jour, la veille et le lendemain des jours de marché à Versailles (mardis et vendredis), les producteurs de Flins, Bouafle, Aubergenville, etc..., viennent en toutes saisons apporter leurs légumes : poireaux, navets, carottes, etc... En été, ceux de Louveciennes, Port-

Port-Marly.

Marly, Marly-le-Roi, se rendent en longues files à la ville pour y porter leurs fleurs ou leurs fruits : prunes, fraises, groseilles, etc...

3° Enfin, mais dans les beaux jours principalement, la grande villégiature ramène leurs habitants aux villas des environs : à Bailly, à Louveciennes, etc...

Le dimanche, de nombreux promeneurs viennent à leur tour contribuer à l'animation du pays : ceux-ci sont

conduits par leurs affaires d'une commune à l'autre ;
ceux-là sont attirés par les promenades de la forêt de
de Marly ; d'autres — et c'est le plus grand nombre —
invités par les attractions multiples que leur offre
Versailles avec son musée, ses Trianons, ses grandes
eaux, etc...

CHAPITRE VIII

COMMUNICATIONS

UTRE les deux grand'routes dont il a été parlé en commençant, il y a un chemin vicinal et deux autres dans la forêt.

Le chemin vicinal, le seul que possède la commune, est désigné sous le nom de Chemin-Creux : il ne mesure que 125 mètres de longueur et se trouve enclavé dans la propriété de Mme Heine. Au moment de la Révolution, il était indiqué sous le nom de « Chemin conduisant à la ci-devant église ». Et en effet, il y conduisait, comme aussi à la « Salle d'audience » qui se serait élevée à l'endroit où se trouve actuellement le pavillon (à droite) de la porte d'entrée du château. C'est là que le seigneur de

Rocquencourt, qui était « haut, moyen et bas justicier », rendait ses arrêts, en présence des procureurs, des avocats et tabellions du temps.

Des deux chemins tracés dans la forêt, le premier mène directement à Bailly, en suivant une haute futaie de chênes. Le second conduit à Marly-le-Roi et à la ferme du Trou-d'Enfer ou au fort voisin. Inutile de mentionner la multitude des petits chemins et des sentiers qui sillonnent le bois et fournissent des promenades aussi pittoresques qu'agréables.

Actuellement, une voiture publique fait un service régulier pour la poste de Noisy-le-Roi à Versailles, par Le Chesnay. Elle passe à Rocquencourt : le matin, à 7 heures 1/2, et le soir à 4 heures, puis à 9 heures. Elle assure la correspondance avec les trains de la ligne de Versailles (Rive droite) à Paris (gare Saint-Lazare) et les embranchements qui s'y rattachent. Elle repart de Versailles : le matin, à 10 heures, et le soir, à 5 heures 1/2 et à 10 heures 1/2.

Rocquencourt est ainsi mis en communication avec :

1° Toutes les autres lignes de chemins de fer passant à Versailles (Rive gauche, Chantiers, etc...).

2° La ligne de l'Etang-la-Ville à Saint-Cloud et Paris, par la station de Vaucresson (à 3 kilomètres) ;

3° La Grande-Ceinture, par la halte de Bailly, mais sans bagages (à 3 kilomètres 1/2) et la gare de Noisy-le-Roi (à 5 kilomètres) pour les marchandises.

4° Le tramway de Marly (à l'abreuvoir, 3 kilomètres), qui donne la correspondance : 1° pour Saint-Germain-en-Laye ; 2° pour Rueil ou 3° pour la place de l'Étoile (Paris). Du moment, une nouvelle étude est commencée pour étudier la con-

Abreuvoir de Marly

tinuation de cette ligne à Versailles. Un autre projet est à la veille d'être terminé : le tramway de Versailles à Maule, destiné à relier une ligne de jonction qui doit raccorder la ligne du Hâvre (à Épône) et celle de Granville (à Plaisir) est concédé depuis quelque temps. Un 3e projet de la ligne Porte-Maillot à Versailles est momentanément abandonné.

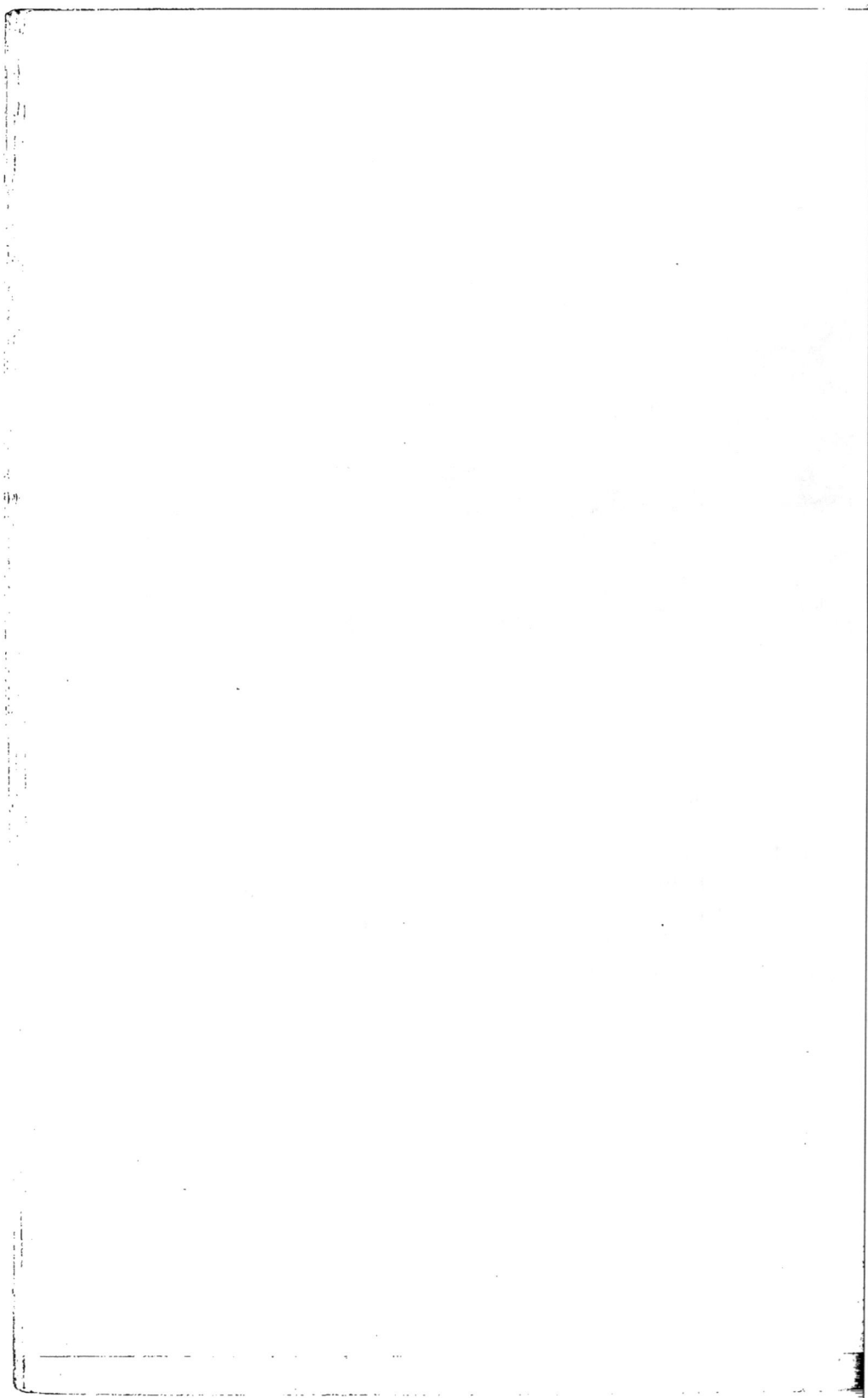

CHAPITRE IX

———

ÉTAT DU VILLAGE

E château de Mme Heine et la presque totalité de ses dépendances se trouvent sur le côté droit (nord-est et sud-est) de la route de Saint-Germain-en-Laye.

Les maisons du village sont situées sur le côté sud-ouest et nord-ouest, massées le long des deux routes, sauf quelques-unes placées aux extrémités de cette agglomération.

Rocquencourt n'a pas de hameaux.

Cependant il faut citer CHÈVRELOUP, lieu de résidence d'une brigade de gendarmerie à cheval. Les pages suivantes relateront l'histoire de ce hameau, aujourd'hui

presque tout à fait disparu : on ne peut séparer son histoire de celle de la commune elle-même.

La gendarmerie avait été instituée sous le règne de
Louis XVIII. Abolie en 1830 sous Louis Philippe, elle
fut réorganisée de nouveau en 1852, comme gendarmerie
impériale pour garder les forêts. Abolie de nouveau par
un décret de l'Assemblée Nationale, en date du 6 octobre 1870, elle fut définitivement installée comme gendarmerie départementale. Elle est comprise dans la première section de l'arrondissement de Versailles. La gendarmerie du département de Seine-et-Oise fait partie de
la première légion.

Plus loin, tout à fait à l'extrémité ouest du territoire est
une autre maison, appartenant aux Domaines et servant
de logement à un garde-chasse.

Enfin, une maison... « au lieu dit le Magazin des
Bonnes Eaux de Sources, forêt de Marly, occupée par le
fontainier, lequel est chargé de l'entretien du réservoir
et des conduits qui amènent du Trou d'Enfer les bonnes
eaux à Versailles. »

CHAPITRE X

USAGES LOCAUX

Ⓘ L a paru très utile de transcrire ici les usages de la localité.

ARBRES. — Les arbres à haute tige sont plantés à deux mètres du voisin ; — les autres arbres, haies vives, arbres ou espaliers, la vigne, les groseillers ou framboisiers doivent être plantés à $0^m,5o$; — la hauteur des haies vives ne doit pas excéder $1^m,5o$.

PARTICULARITÉS. — Il n'existe pas d'usages particuliers relativement : 1° aux réparations locatives ; — 2° à la distance à observer pour les ouvrages et travaux dont parle l'art. 674 du Code civil ; — 3° à la tacite reconduction.

LOCATIONS VERBALES, CONGÉS, DÉLAIS. — Les locations verbales sont faites à l'année ; elles commencent le 11 novembre ; — les congés sont donnés savoir : 3 mois avant la sortie, le 10 août pour les locations au-dessous de 100 francs ; — 6 mois avant la sortie, le 10 mai, pour celles qui excèdent cette somme. Pour les jardins, vergers, marais, prés et les terres labourables non susceptibles d'être assolées, les congés sont donnés 6 mois avant la sortie, le 10 mai.

Les granges se louent à partir du 24 juin ; le congé se donne le 23 décembre, 6 mois avant la sortie. Les loyers se paient le 24 juin ; pour toutes les autres locations, ils ont lieu le 11 novembre. Il n'est pas accordé de délai pour déménager.

Les terres assolées ou susceptibles d'assolement sont louées pour trois ans ; les congés se donnent un an d'avance, le 10 novembre. Les fermages s'effectuent en un seul payement, le 11 novembre.

DEUXIÈME PARTIE

LES TEMPS ANCIENS

LA GAULE — LES FRANCS
ÉTYMOLOGIE DE ROCQUENCOURT — CHÈVRELOUP — LA PAROISSE
LE VAL DE GALLIE

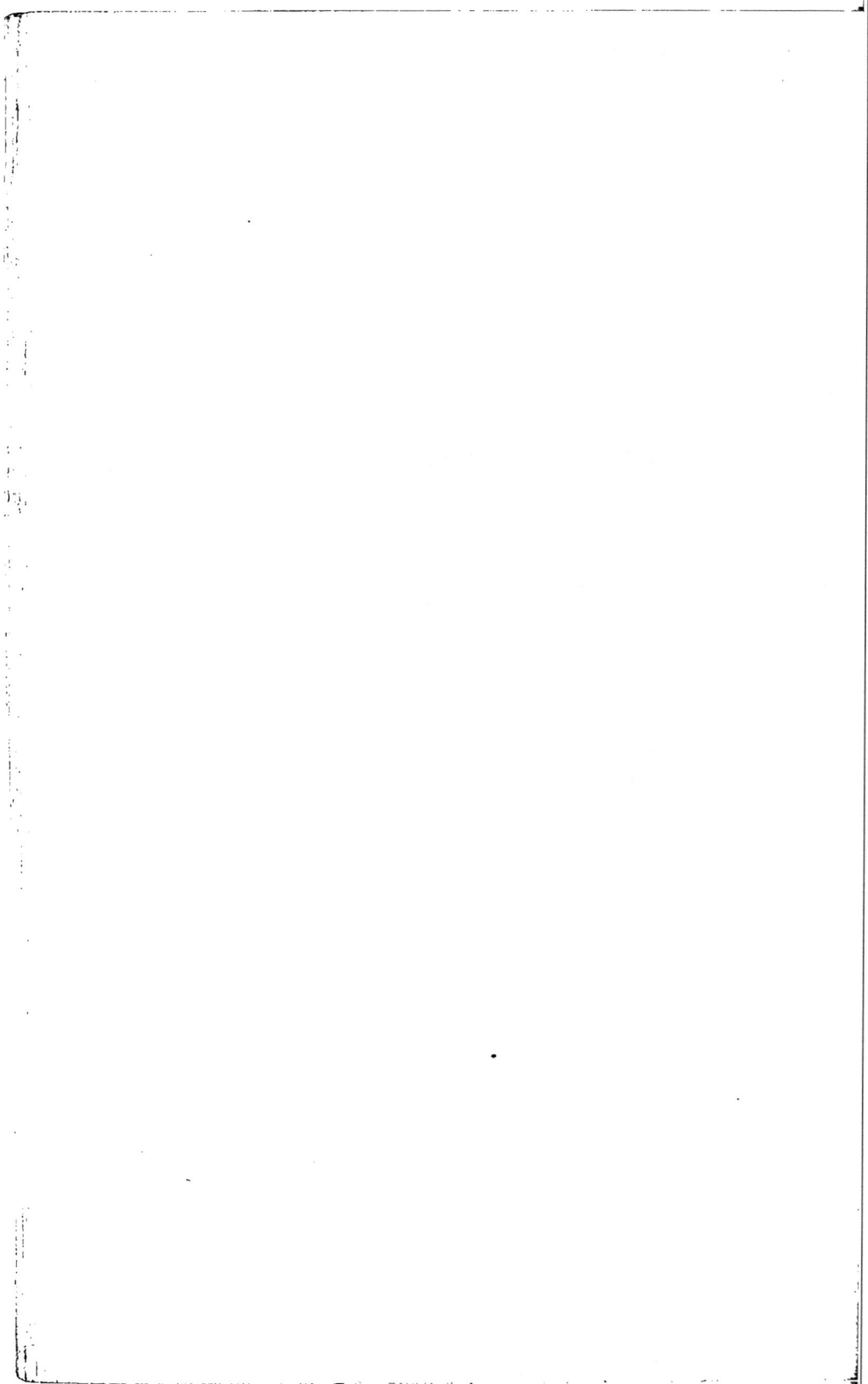

CHAPITRE PREMIER

LA GAULE

A Gaule proprement dite (*Gallia transalpina*) comprenait à peu près la France actuelle, plus la Belgique.

Elle était habitée par des peuples de quatre races différentes :

1° celle de Celtes ou *Galls* ;

2° celle des Germains (Kimris ou Cimbres), Belges et Volsques (*Volcæ*) ;

3° celle des Ibères ou Ligures ;

4° celle des Grecs (les Massiliotes et leurs colonies) ;

Avant la conquête, elle n'avait pas de nom général, pas de divisions géographiques. Elle était désignée sous le nom de CELTIQUE, mais vaguement. Les Romains qui en possédaient une partie, à laquelle ils donnèrent le nom de PROVINCIA, ne connaissaient ni les limites ni l'étendue du reste.

Lors de la conquête par Jules César, la Gaule était partagée en deux parties.

1º la PROVINCE ROMAINE (dite aussi *Gallia braccata*) ;

2º et la GAULE LIBRE ou chevelue (*Gallia comata*) ainsi nommée à cause des longs cheveux que portaient les Gaulois.

Plus tard, l'empereur Auguste étant à Narbonne fit faire un dénombrement général de tous les Gaulois. Ce fut alors qu'il divisa la Gaule en 4 provinces : 1º Narbonnaise ; 2º Lyonnaise ; 3º Aquitaine, et 4º Belgique. Le territoire du département de Seine-et-Oise était compris dans la Lyonnaise. Cette division représentait à peu près l'ancienne Celtique et s'étendait depuis l'extrémité du Finistère, sa limite au sud étant toujours la Loire...

Après la conquête, une voie romaine relia Lutèce à Poissy et à Meulan par le bois de Rouvray (le bois de Boulogne) de Saint-Cloud, de Vaucresson et la forêt de Marly qu'elle traversait dans toute sa longueur de l'est à l'ouest. Cette voie suivait probablement le tracé actuel de Montretout à Rocquencourt, puis celui de la route de Louis XIV au-dessus de Noisy.

L'empereur Gratien divisa la Préfecture des Gaules en dix-sept provinces..... Notre contrée appartenait à la Lyonnaise IVᵉ qui avait Sens pour capitale.

Les *Senones*, les *Carnutes*, les *Bellovaci*, les *Silvanectes*, les *Meldi* et principalement les *Parisii*, occupaient, les uns en totalité, les autres en partie, la région dans laquelle est comprise aujourd'hui le département de Seine-et-Oise.

Les *Parisii* occupaient indépendamment de Paris et du département de la Seine, une moitié environ de notre département dans les limites duquel ils étaient presque complètement renfermés. Situés à l'extrémité frontière qui séparait la Celtique du Belgium, ils avaient pour voisins : au nord les *Veliocasses*, les *Bellovaci* et les *Silvanectes* ; à l'est les *Meldi* ; au sud-est, les *Senones* ; et à l'ouest, les *Carnutes*.

La partie nord-est de l'arrondissement de Pontoise, les cantons d'Argenteuil, de Marly (partie), de Versailles, de Sèvres et de Palaiseau ; ceux de Chevreuse et de Limours, tout l'arrondissement de Corbeil et la fraction supérieure de celui d'Etampes étaient compris dans le pays des PARISII.

4.

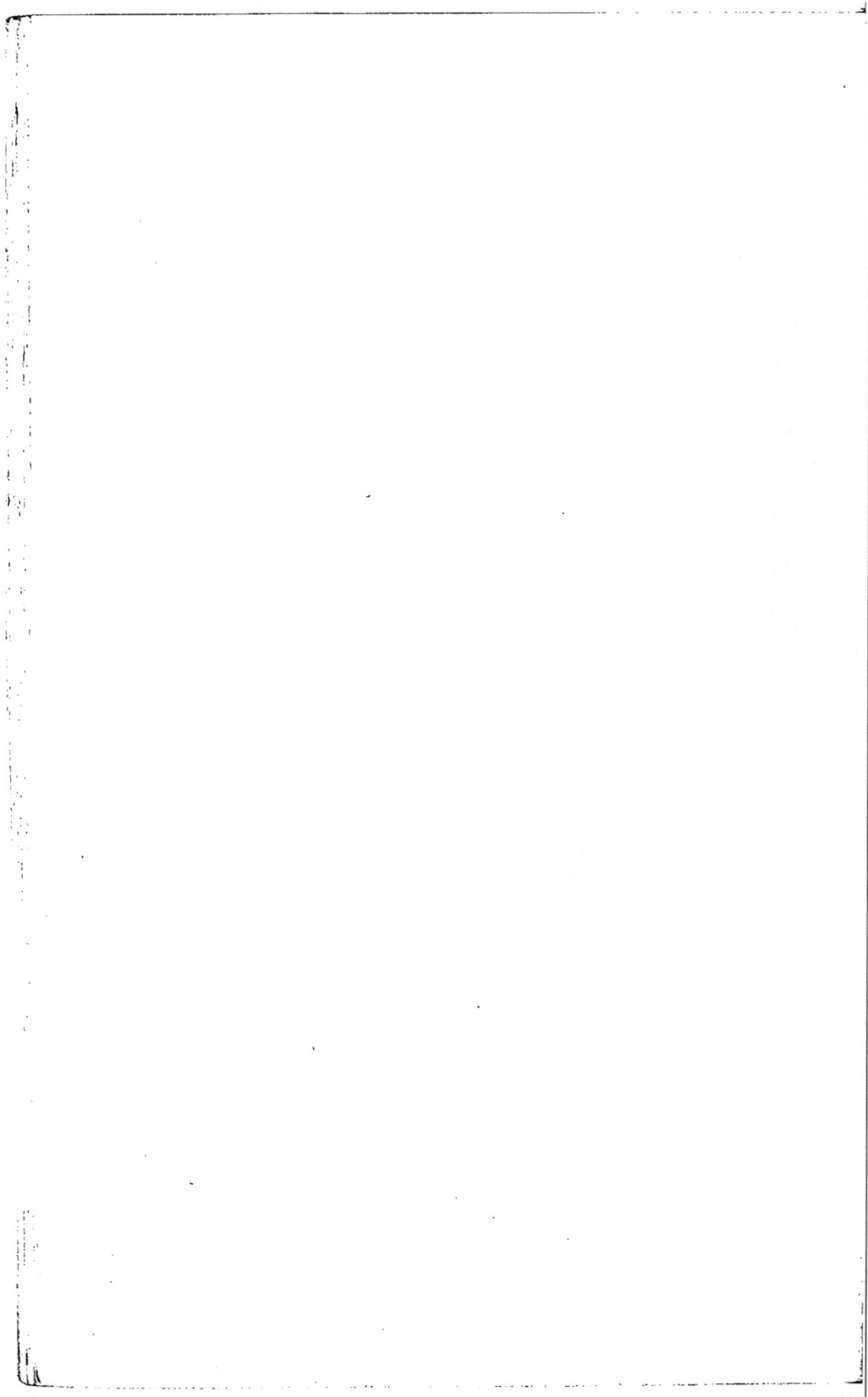

CHAPITRE II

LES FRANCS

Après les Gaulois, vinrent les Francs qui sortirent de la Germanie et repoussèrent à leur tour les tribus gauloises plus avant vers le midi. L'immense étendue de forêts qui, sous les noms de Cruye ou de Marly (*Cruya, silva Creva, foresta Cruyæ, etc...*), couvrait une grande partie des pays Parisis, Pincerais, etc... était fort propice aussi à l'établissement de ces peuples.

Sous les vieux chênes druidiques de la forêt de Cruye, ils célébraient les fêtes d'Odin, de Thor, du Gui ; et le sang humain coulait à flots sur les tables de pierre sacrées, offert en sacrifice à ces dieux farouches de la guerre

et de tous les maux par les druides, à la fois chefs et
prêtres de ces guerriers..... » On a retrouvé de nombreux monuments dans les environs : à Marly, à Mareil,
etc...

Cette forêt ne paraît être qu'une partie de l'immense

FORÊT YVELINE (*Aquilina sylva*). Les documents historiques prouvent que cette forêt était originairement limitée : au nord-ouest par les hauteurs de Septeuil et la Vau-
couleur, suivant une direction nord, ouest, sud, est. La
limite septentrionale dépassait Neauphle-le-Château, en

sorte qu'elle a dû, dans le principe, englober la forêt de Marly. » — « Elle était le théâtre favori des exploits cynégétiques des rois et de leur cour.

Louis VI le Gros, y étant à la chasse, y fut pris de la fièvre dont il mourut. Suger y dirigea une chasse au cerf et y passa une semaine entière sous des tentes, avec plusieurs de ses amis et de ses vassaux. »

Dans une charte datée de 1226, au mois de mai, on remarque la mention suivante : — « ..... Je, Bouchard, seigneur de Marly, fais savoir à tous que j'ai quitté à perpétuité à mon illustre et très cher seigneur, Louis, roi de France, et à ses héritiers, le droit de chasse à la grande bête en la forêt de Cruye, c'est à savoir aux cerfs, biches, sangliers, chevreuils et daims... »

La forêt de Cruye comprenait les bois de Marly, de Fausses-Reposes, des Hubies ou Spectres ou Loups-Garous, entre Rocquencourt et Glatigny, et enfin les bois de Meudon.

Dans la suite, l'immense forêt Yveline se morcela petit à petit. Aujourd'hui la forêt de Marly ne comprend que la partie occidentale de tout cela. Elle est entièrement entourée de murs ; sa superficie est de 2,254 hectares.

Les seigneurs tantôt gardant leurs terres, tantôt les cédant aux abbayes, en permirent le défrichement. Les serfs, pour ne pas s'éloigner des lieux de leur travail, y élevèrent des huttes ou des cabanes plus ou moins grossières.

Ce fut un premier noyau qui, dans la suite, disparut ou s'agrandit peu à peu suivant la longueur de l'ouvrage, la nature du sol ou sa position géographique. Mais le plus souvent le village resta là où il avait été fondé. Petit à petit, des habitations plus solides, plus spacieuses, plus commodes enfin, vinrent remplacer les constructions toutes primitives qui avaient servi de berceau à l'agglomération.

Il est bien certain que la plus grande partie des villages, et aussi des villes, n'ont pas d'autre origine. C'est ainsi qu'il y a près de treize siècles aujourd'hui, Rocquencourt tenait déjà sa petite place au soleil.

CHAPITRE III

ÉTYMOLOGIE

L<small>E</small> nom de R<small>OCQUENCOURT</small> indique par lui-même que la fondation de ce village remonte à l'époque gallo-romaine.

« Les noms de pays commençant ou finissant par C<small>OURT</small> (Aincourt, Amenucourt, Drocourt, etc...) ou par V<small>ILLE</small> (Arnouville, Flexanville, Franconville, etc...) viennent de *curtum* et de *villa* qui, à une nuance près, désignaient un domaine rural.

» A cette époque où le latin était devenu une langue vulgaire, les noms de pays portant la dénomination *court* rappelaient une ferme ou une habitation de second ordre; tandis que ceux qui finissaient par *cum* (*Andresiacum,*

Andrésy; — *Iniacum,* Igny; — *Jarciacum,* Jarcy...) in-
diquaient un domaine considérable. A ces désinences se
trouve toujours joint un autre nom qui avait rapport tantôt à un souvenir, tantôt à la position, mais le plus souvent c'était celui du premier propriétaire : Drocourt était
le domaine de Drocon; Omerville, était la villa d'Omer,
etc...

C'est aussi le cas pour notre petit village.

Dès l'année 678, un seigneur, patrice de Thierry III,
roi de Neustrie, et nommé Roccon, avait donné une partie du territoire de ce lieu à l'église Saint-Germain-
l'Auxerrois. Quelques années plus tard, Landebert, abbé
de cette église, échangeait le *Rocconis curtum* avec l'abbé
du monastère à la dépendance de Saint-Denis... *Rocconis curtis in pago piniacense,* littéralement : la cour, ou
le château de Roccon, dans le pays de Pincerais.

Le village est ainsi dénommé dans l'acte de partage des
biens de l'abbaye de Saint-Denis qui fut fait en l'année
862 entre l'abbé Louis et les moines. On y lit que les religieux, pour avoir Nogent-sur-Seine, lui cédèrent plusieurs villages d'autour Paris, entre autres la moité de
Monte-Lupicino (aujourd'hui Louveciennes) et *Rocconis
curtis.*

C'est donc, sans aucun doute, le seigneur Roccon qui,
donnant son nom à son domaine *Rocconis curtum,* a laissé
définitivement celui de

ROCQUENCOURT

Mais avant de s'écrire ainsi, ce nom a subi de nombreuses transformations. Il s'écrivit d'abord, en langue latine *Rocconcurtis* (691) — *Rocconis curtis* (862) — *Rocquencuria,* et en langue romane *Rogancort* (1193) — *Rocencort* (1209) — *Roquencort* (1230). Il est même, une fois, désigné sous le nom de *Rocquemadour.* Puis, dans les archives communales, on le voit prendre successivement différentes autres orthographes : Rocancourt, Roquancourt, etc... et finalement Rocquencourt.

CHAPITRE IV

TEMPS ANCIENS

Revenons maintenant aux origines du pays.

Au VIIe siècle, les forêts de Saint-Cloud et de Marly ne faisaient qu'une. « Ces collines, dit Dulaure, étaient alors couvertes de bois, dont il reste encore des portions assez considérables, mais entre lesquelles les bâtiments et les cultures modernes ont mis de plus vastes intervalles. Tels sont les bois des *Hubies* ou des *Spectres* et *Loups-Garous,* qui vont par Rocquencourt, rejoindre la forêt de Marly... »

Vers 770, la vieille route de Normandie, qui existe encore et passe par Rocquencourt et Saint-Cloud, était la seule de cette contrée. Il n'y en avait pas sur le bord de la Seine, trop souvent sillonnée par les Normands. Le marché aux bœufs

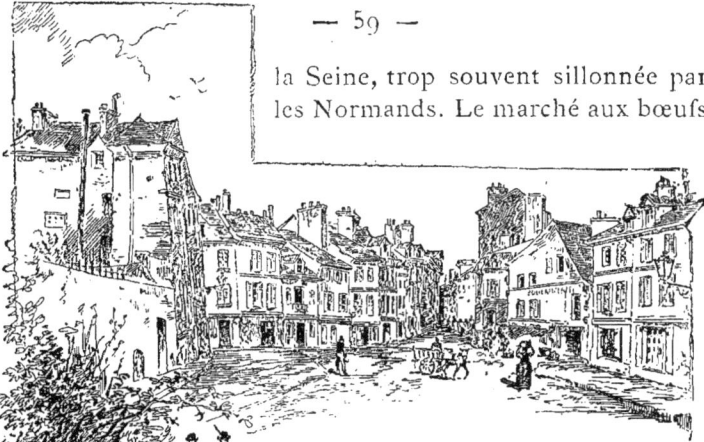

pour Paris se tenait à La Celle-Saint-Cloud. Ce ne fut qu'après le traité de Saint-Clair-sur-Epte, en 912, établissant Rollon en Neustrie, que la Seine fut

Vue de Poissy.

purgée des bandes de pillards qui la remontaient jusqu'à Paris. Alors on pensa à défricher les bois dont
le fleuve était bordé et à y pratiquer une route sûre
qui devint bientôt très commerçante. Elle permit à
saint Louis, vers la fin du xiiie siècle, d'enlever de La
Celle-Saint-Cloud le marché aux bœufs pour le donner
au bourg de Poissy, qu'il affectionnait, sans doute à cause
de sa naissance.

Sous le règne de Charles-le-Chauve, Rocquencourt fut
érigé en paroisse (862).

Il y a tout lieu de croire qu'à l'époque où l'on détacha
de Louveciennes *(Monte-Lupicino)* une partie des habitants pour former une nouvelle paroisse dans laquelle
serait compris Rocquencourt, on n'eut garde de choisir
un autre patron que saint Martin, qui était celui de Louveciennes. Mais, par la suite, quelques seigneurs de
Rocquencourt ayant fait bâtir une chapelle à Saint-
Nicolas, insensiblement le peuple prit la coutume de s'y
rassembler et, du consentement de l'évèque, Rocquencourt devint paroisse avec saint Nicolas pour patron. »

Il s'agit ici de saint Nicolas, évêque de Myre, apôtre
de la Lycie.

CHAPITRE V

CHÈVRELOUP

HÈVRELOUP, qui se nomma autrefois « *Chieure-leu* », puis « *Cheure-lou* » et « *Chieurelou* », terrouer de Rocancourt, appartenait en 1373 à l'abbaye de Longchamps.

La plus grande partie des habitants s'y trouvaient jadis, de même que « les gardes des plaisirs du Roy en son petit parc de Versailles à la porte de *Cheurelou* » et aussi, mais plus tard, — en 1761, — « le garde général

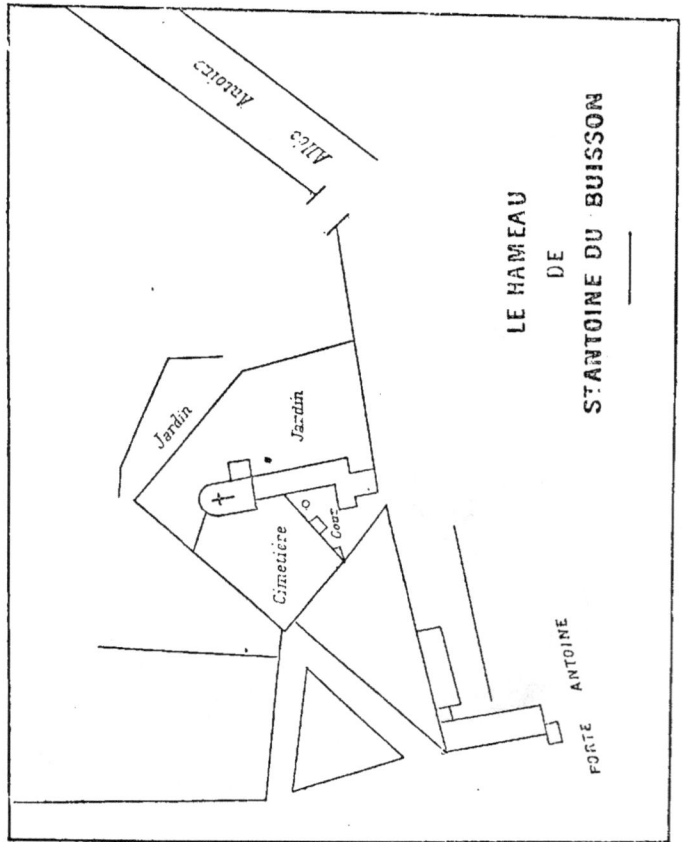

LE HAMEAU DE St-ANTOINE DU BUISSON

des plaisirs du Roy, des grands et petits parcs de Versailles, au canton de Cheureloup ».

Il s'y était élevé une chapelle en l'honneur de saint Martin et de sainte Geneviève. En 1641, elle existait encore : on y remarquait cinq autels ou chapelles particulières. La chapelle qui s'élevait au hameau de Saint-Antoine-du-Buisson (c'est aujourd'hui à la Porte-Saint-Antoine, parc de Versailles) y était annexée. Plus tard, cette dernière fut rattachée à la paroisse du Chesnay dont dépend encore une partie de cette agglomération ; l'autre partie dépend de Versailles.

Le 26 avril 1664, a été passé un acte sur parchemin aux termes duquel le prieur et les sénieurs de l'Abbaye royale de Saint-Germain-des-Prés « seigneurs, chatelains et voyers de la terre et seigneurie de la Selle, Le Chesnay et Saint-Anthoine du Buisson » accordent au curé du Chesnay l'autorisation « de joindre et enclore à son jardin un reste de chemin consistant en la quantité de 29 thoises de long à prendre depuis le mur faisant séparation du semetier de la chapelle Saint-Anthoine-du-Buisson et la cour du presbytaire de ladite chapelle sur la largeur de 16 pieds entre les lieux dudit presbytaire et le jardin deppendant d'une petite maison appartenant au seigneur de Rocquencourt.

La chapelle de Chèvreloup, ainsi que tout le hameau, fut détruite sous Louis XIV, parce qu'ils nuisaient au plan du parc de Versailles et aux nouvelles routes que l'on construisait. Le 24 décembre 1680, on inhuma encore dans la chapelle Saint-Martin de Chèvreloup : c'est la dernière fois qu'il en soit fait mention. On y voit encore, mais enclavée dans le parc, une source appelée « fontaine Saint-Martin » du nom de cette chapelle.

Là aussi se serait élevé un château, ou tout au moins une maison de campagne assez importante. En 1678, il est question « de Madame de Moussy, en sa maison de Cheurelou ». Plus tard, on y retrouve : en messidor an VII... « garde forestier à cheval à Chévreloup »; en l'an XI, c'était... « l'un des administrateurs généraux de la régie nationale ».

Dans les vastes bâtiments qui subsistent et que l'on a appropriés, a été installée une brigade de gendarmerie à cheval. Elle dessert les communes de : 1° Bailly; — 2° Noisy-le-Roy; — 3° Rennemoulin; — 4° Saint-Nom-la-Bretèche; — 5° Villepreux, le tout du canton de Marly et 6° Rocquencourt.

Tout porte donc à croire que Chèvreloup fut le berceau de la paroisse.

CHAPITRE VI

LA PAROISSE

ES paroisses furent établies successivement dans le cours des siècles, à partir du quatrième, par les papes et les évêques. Jusqu'à leur établissement, des prêtres envoyés par ces derniers passaient dans chaque localité, administraient les sacrements et instruisaient les peuples, comme de nos jours font les missionnaires dans les contrées de l'Asie, de l'Afrique et de l'Amérique, où il n'existe point de paroisses. A mesure qu'elles se formèrent, elles furent données, souvent même par les rois, surtout ceux de la seconde race, aux abbayes, prieurés et grands établissements religieux. Cette donation était confirmée par les évêques, lorsqu'ils

5

ne la faisaient pas eux-mêmes, et presque toujours au xie et xiie siècles par les Souverains Pontifes qui réservèrent la propriété des églises aux fondateurs pour les encourager à en bâtir de nouvelles.

Au xiiie siècle, sous saint Louis, elles étaient toutes érigées en France, et il n'y avait plus de territoire vacant. Celles qui ont été érigées depuis l'ont été par démembrement. Les abbés, prieurs, fondateurs, seigneurs, etc... désignaient un ou plusieurs prêtres qu'ils présentaient aux évêques, à la vacance d'une paroisse, et ces derniers collateurs donnaient les pouvoirs nécessaires après examen pour l'administration de la paroisse. Cette présentation se faisait ordinairement par acte devant notaire et en minute, suivant une formule en latin. Un peu plus tard, les évêques se réservèrent un certain nombre de paroisses dont ils avaient la présentation et la collation.

L'église de Rocquencourt prit donc saint Nicolas, évêque de Myre, pour patron.

Elle faisait partie, mais dans son extrême limite, du diocèse de Paris (*Diœcesis parisiensis, civitas parisiorum*), mais de la partie située sur la rive gauche de la Seine. Il était rattaché à l'archidiaconé de Josas ou Josay (*archidiaconatus de Josayo, alias Heripensis, vel Huripensis*). C'était l'archidiaconé de Hurepoix (*Pagus Heripensis*) à la dépendance du doyenné de Chateaufort, antérieurement nommé doyenné de Massy (*decanatus de Castroforti, vel de Massiaco ou Massiaco*).

Ce doyenné comprenait l'ancien Hurepoix, subdivisé en pays de Josas, au sud-ouest « *pagus Jauciasensis ou Gaujacensis* » et le pays de Châtres, au sud « *pagus Cas-*

trensis ou Castrisus ». Châtre est aujourd'hui désigné sous le nom d'Arpajon.

Les *pagus* (au pluriel *pagi*) ou « cantons » sont d'origine gauloise et remontent à la plus haute antiquité. Sous ce nom, on comprenait une ville ou portion de ville avec ses environs, un archidiaconé, cantonnement, centurie et vicairie.

Le doyenné de Massy renfermait les circonscriptions administratives actuelles, savoir :

Seine : tout le canton de Courbevoie et une partie du canton de Sceaux ;

Seine-et-Oise : tout le canton de Palaiseau et de Sèvres ; partie de ceux de Saint-Germain, Marly, Versailles, Chevreuse, Dourdan (nord), Limours et Longjumeau.

La paroisse de Rocquencourt était à la collation de l'archevêque de Paris qui y nommait « *pleno jure* », c'est-à-dire de « plein droit ».

La fête paroissiale se célèbre encore aujourd'hui le dimanche après la translation des reliques de saint Nicolas : le deuxième après la Fête-Dieu.

Depuis l'année 1806, la paroisse de Rocquencourt est réunie à celle du Chesnay qui fait partie de l'archidiaconé de Saint-Louis, doyenné de Versailles-nord, du diocèse de Versailles.

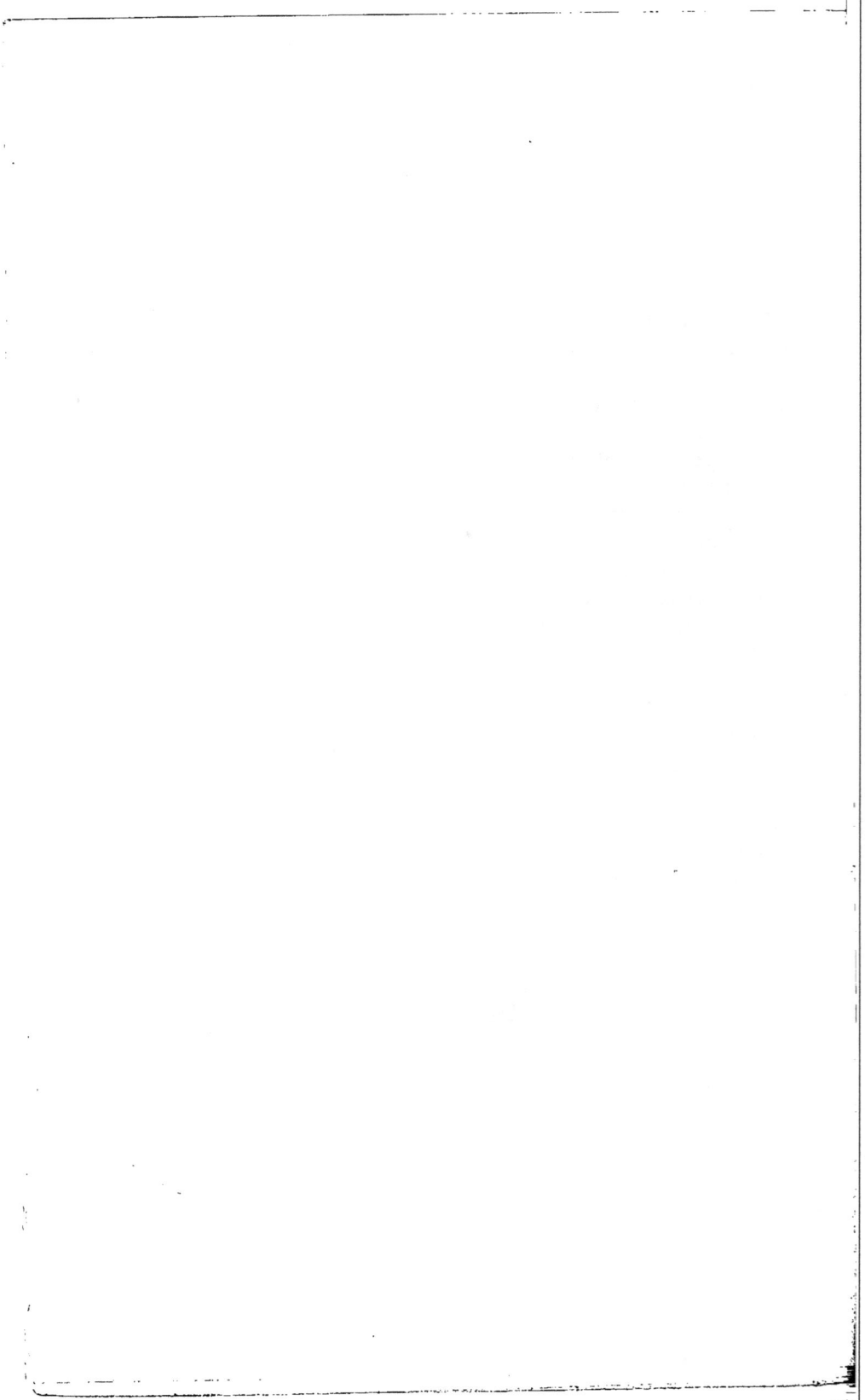

CHAPITRE VII

LE VAL DE GALLIE

A l'époque de la féodalité, le Val de Gallie était renommé pour son aspect riant et sa fertilité.

Il occupe dans la direction du S.-E. au N.-O. deux lieues anciennes (de 25 au degré) de longueur depuis Viroflay jusqu'à Villepreux et une lieue et demie environ de largeur dans sa plus grande étendue, du N. au S., de Rocquencourt à Satory.

Dans quelques pièces de la fin du XVIe siècle, on écrit Val-de-Gallie, Gally, Galye, et dans beaucoup d'autres : Galie. Quelques antiquaires dans l'espoir de rattacher l'existence de ce lieu à quelques établissements anciens des Druides de la Gaule (*Gallia*) ont préféré écrire Val-de-Gallie. On a pensé que la position assez sauvage de ces lieux et les bois épais qui les couvraient en avaient dû faire un point de réunion pour les Celtes du canton. Tout d'ailleurs porte à supposer que le Val-de-Gallie a été habité sous les temps de la domination romaine.

Outre Versailles, les lieux qui le composaient sont : Fontenay-le-Fleury, Saint-Cyr, Rocquencourt, Le Chesnay, Glatigny, quelques terres de Chaville et Viroflay.

Il était meublé de plusieurs châteaux, d'hôtels habités par des gentilhommes relevant des seigneurs voisins. En droit féodal, on appelait *hôtel* l'habitation d'un gentilhomme (*miles*) possédant 60 livrées de terre et qui devait personnellement le service militaire. La livrée de terre équivalait pour le revenu à 25 livres (le marc d'argent étant à 54 francs); d'où l'on peut conclure que le gentilhomme qui devait le service personnel possédait au moins 1500 livres de revenu en fond de terre. »

« Dans le centre de la plaine, entre un étang qui avait son extrémité orientale appuyée à la léproserie et sous le château-fort de Rocquencourt bâti sur le penchant de la colline septentrionale, était le hameau du Chesnay et son église. La léproserie de Versailles avait été fondée au temps de Philippe-Auguste. Les villages qui avaient le droit d'y envoyer leurs malades étaient : Chaville, Viroflay, Montreuil, Le Chesnay et Rocquencourt ».

C'est de cet étang qu'il est question dans des lettres de 1238 ou 1239... « qui témoignant de leur affection et de leur respect pour l'abbé de Sainte-Geneviève de Paris,

Pierre et Bouchard de Marly permettent à cet abbé de pouvoir mettre plus bas la chaussée de leur étang du Val-de-Gallie toutefois et quand ils voudraient le renouveler et même l'accroître, pourvu que cela ne donnât nul empêchement aux passants... »

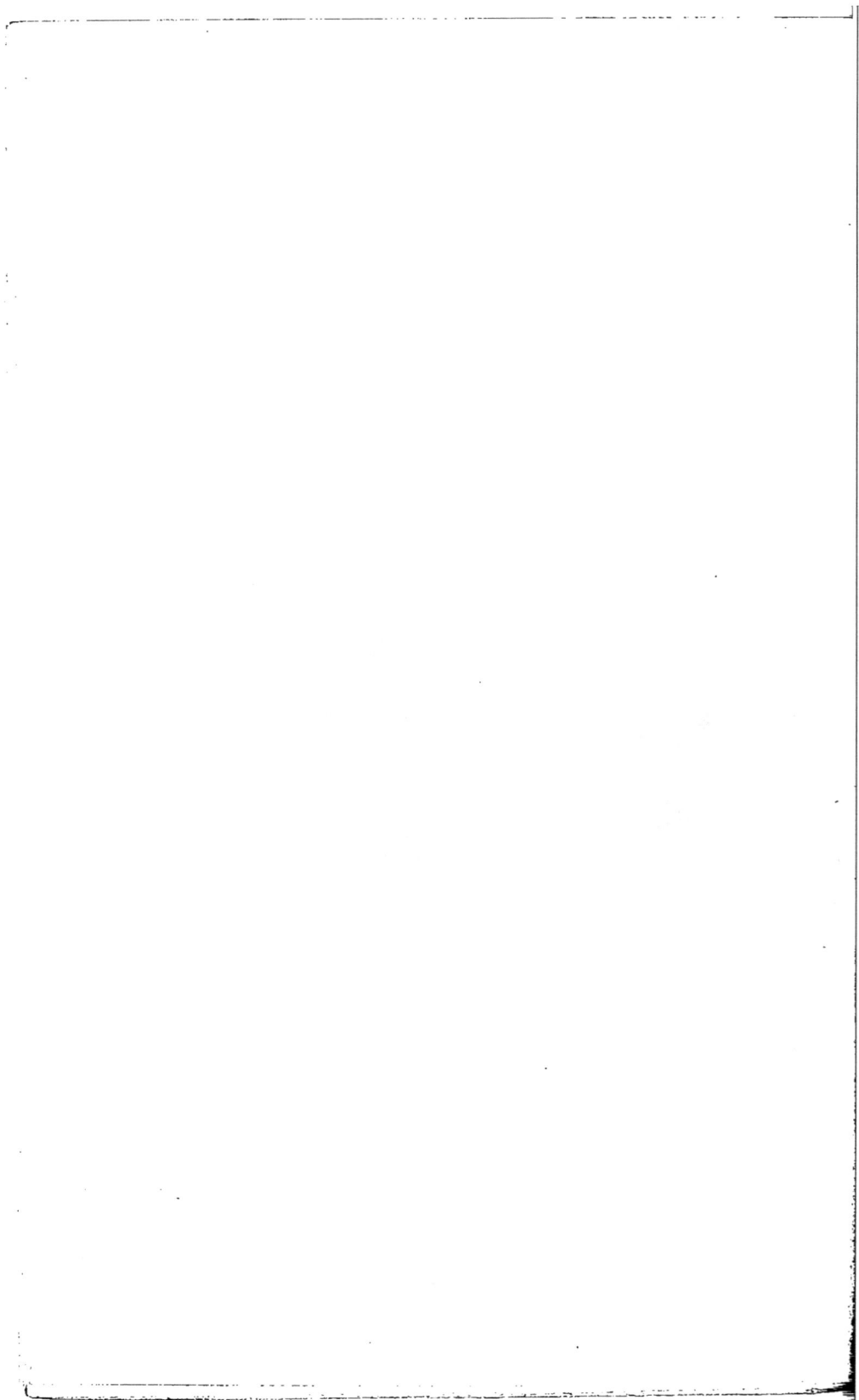

TROISIÈME PARTIE

———

LES SEIGNEURS

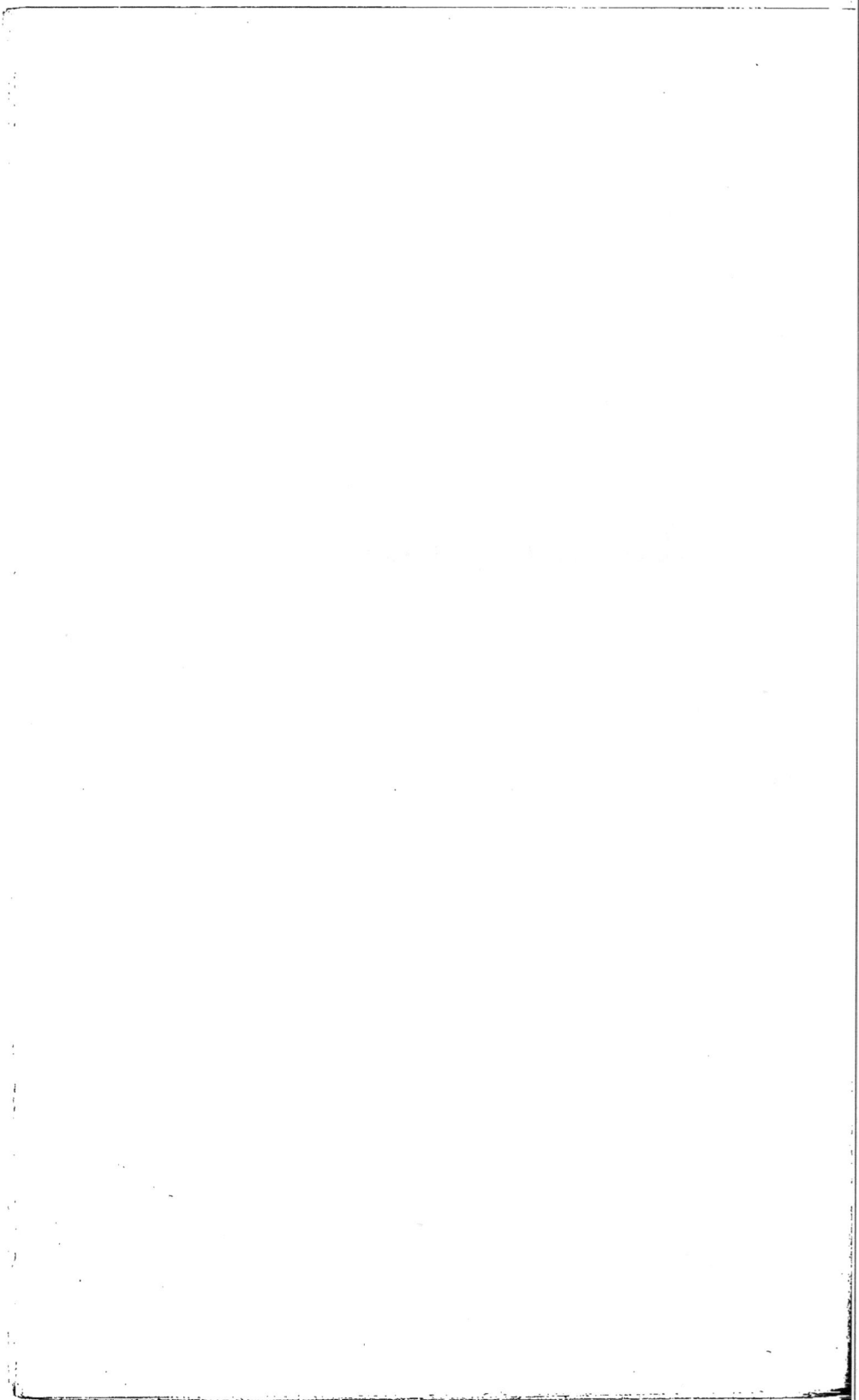

CHAPITRE PREMIER

————

ANCIENNE ADMINISTRATION

'ANCIEN château féodal se serait élevé non loin de l'église et à quelque distance de celui qui existe aujourd'hui. Mais il ne devait pas être le seul. Il en a déjà été un peu question relativement à Chèvreloup.

D'ailleurs « la seigneurie de Rocquencourt était divisée en plusieurs mouvances : l'une de Poissy, l'autre du Châtelet de Paris », ce qui explique ses différents seigneurs pour un même temps.

La paroisse relevait de « l'élection de Paris, l'une des vingt-deux de la généralité de Paris, prévosté et vicomté de Paris, ressortissant du Châtelet. »

En effet, avant la Révolution, la France était divisée en pays d'Etats et en pays d'élection. Cette division était surtout financière. Les pays d'élection étaient ceux où l'impôt était réparti par des délégués royaux, qu'on désignait sous le nom d' « élus » et qui constituaient un tribunal appelé « élection ». Ils avaient pour mission d'établir l'impôt et d'en assurer le recouvrement. Ce terme s'appliquait encore à la circonscription financière soumise à leur juridiction.

Les archives communales (ce sont les anciens registres paroissiaux) ne parlent que des seigneurs ressortissant du Châtelet, et encore ne remontent-elles qu'à 1580. Mais dès le commencement du XIIe siècle Rocquencourt eut des seigneurs qui en prirent le nom pendant plusieurs siècles. Ces seigneurs succèdent donc à l'abbaye de Saint-Denis par le partage indiqué plus haut.

CHAPITRE II

LES PREMIERS SEIGNEURS

Dès l'année 1120 (c'était du temps de Louis VI le Gros), Geoffroy de Rocquencourt est mentionné dans une charte de l'abbaye de Coulombs, à cause d'Adelaïde d'Hémeré, son épouse. Il s'agissait de trois arpents de vignes près de Marly donnés à cette église par Guérin d'Hémeré et Adelaïde, sa femme ; ce que leur disputait Adelaïde, femme dudit Godefroy ou Geoffroy.

En 1184 (c'était du temps de Philippe-Auguste), il est fait mention de Natalis de Rocquencourt, cité comme témoin dans la donation que Gauthier, prêtre de Louveciennes, fit à l'abbaye des Vaux-de-Cernay.

En 1193 (même règne) paraît un descendant de ce Geoffroy, c'est GARNIER DE ROCQUENCOURT, appelé aussi DE ROGANCORT. Dans un autre acte, il est désigné sous le nom de *Garnerus, miles de Rocencort*. Il aurait porté le titre de chevalier. Il servit de témoin à Taverny, dans un acte concernant l'abbaye de Saint-Victor, de Paris. Un an plus tard, ce même Garnier a une discussion avec l'abbaye de Sainte-Geneviève au sujet d'une dîme de Mauny (*Malus nidus*), fief à Rocquencourt qu'un Barthelemy Pileux lui avait donnée. Il reçoit huit livres parisis à condition de renoncer « au relief » qu'il prétendait lui être dû : — « *Ego Matheus Marliaci et Mathildis, uxor mea, notum fieri volumus... quod cum inter ecclesiam Sanctæ Genovefæ Parisiensis et Garnerum de Roquencort esset controversia super quâdam decimâ quæ dicitur* Decima de Malonido *quam Bortholomœus Pilosus prædictæ ecclesiæ dederat in eleemosynam et ecclesia eam possiderat fere per XXX annos...* » — Moi Mathieu de Marly et Mathilde, mon épouse, nous voulons qu'il soit notifié... que entre l'église de Sainte-Geneviève de Paris et Garnier de Roquencort, il existe une controverse au sujet d'une certaine dîme qui est appelée « dîme de Mauny » que Barthelemy Pileux avait donnée à l'église sus-mentionnée comme aumône et que l'église possédait depuis près de 30 ans... » Pour caution de Garnier furent : 1° Gilles, de Versailles ; 2° Pierre d'Aupec (aujourd'hui Le Pecq) et 3° Raoul, son fils.

Une bulle du pape Alexandre III confirme en l'année 1163 les donations faites à l'abbaye de Sainte-Geneviève, à Paris. — La bulle contient cet article : « ... *Decimam*

apud Malum ni-
dum et quinque
arpenta vinea -

rum
apud
Marliacum
et Stagnum
quod Bartho-
lomœus Pilo-
sus, vobis in
eleemosynam
dedit. » —
« ... la dime
de Mauny et
cinq arpents
de vignes près
de Marly et

Vue de l'Étang-la-Ville.

l'Etang (aujourd'hui l'Etang-la-Ville) que Barthelemy Pileux vous a donnés en aumône. »

Déjà à cette époque reculée — il y a 8 siècles ! — Marly avait des vignes.

En 1209, Garnier donne « la dîme de Rocencort » à l'église du Val Notre-Dame, près Pontoise, abbaye de l'ordre de Citeaux. Cette donation est approuvée par *Pierre de Valle-Orseli* (aujourd'hui Vauluceau) son neveu, qui l'avait en fief. Bouchard, seigneur de Marly, se défit par échange, en faveur de Garnier de Rocquencourt de 6 livres parisis par an de surcens qu'il prenait sur le clos de Garlande ou Mauvoisin. Ce clos appartenait à la famille de ce nom, qui le possédait en partie sous Louis VI et qui depuis a laissé son nom à la rue Garlande (aujourd'hui V⁰ arrondissement, à Paris).

Mathilde de Garlande apporte en dot à Mathieu de Marly un clos de vigne qu'elle avait en fief. En 1202, son mari d'accord avec elle donna à cens cet enclos à divers particuliers, à charge d'y bâtir des maisons.

Ce clos était situé à Paris, au bas de la Montagne-Sainte-Geneviève. C'est alors que furent construits les rues du Fouarre, Garlande, des Trois-Portes, Jacinthe et des Rats. Cette dernière se nomme aujourd'hui « rue de l'Hôtel-Colbert ».

Les Archives nationales possèdent plusieurs parchemins de cette époque :

Mai 1211. — ... entre les moines de Saint-Victor et ceux de Saint-Germain l'Auxerrois, abbaye de Notre-Dame-du-Val, d'une part, et le *Chapellain* de Saint-Martin de Roquencort... au sujet de la cinquième

partie de la dîme que Garnier de Roquencort a donnée
en aumône... à ces Feuillants.

1211. — ... entre l'archidiacre et prieur de Saint-
Victor, abbaye des moines de Notre-Dame-du-Val, d'une
part et le chapelain de Saint-Martin de *Rokencort*, d'une
autre... au sujet de *Garnerus, miles de Rokencort*...

Puis, dans le Cartulaire de Saint-Denis, on trouve
enregistrés :

1° ... *Radulphus de Roquencort, scutifer et Aelidis
uxor dedisse in puram et perpetuam eleemosynam quintam
partem XX solidos annui census sitos Roquencort...
tenere a domino Herveo de Castello et residuum vendidisse
religiosis p.* xxvi *libris parisiensis...* — Radulphe de
Roquencort, chevalier et Aeliz, son épouse, disent avoir
donné en pure et perpétuelle aumône la cinquième partie
de 20 sous de cens annuel situés à Roquencort... qu'ils
tenaient de Hervé du Châtel et avoir vendu le reste aux
religieux pour 26 livres parisis...

2° ... *Garnerus de Roquencort recognovit quintam
partem sex solidorum et quatuor denariorum per annui
census quos idem Garnerus tenebat sicut dicebat in feodum
a Radulpho de Roquencort donasse... et vendidisse residuum p. septem libris et demidio parisiensis...* — Garnier
de Roquencort a reconnu avoir donné la cinquième partie
de six sous et quatre deniers de cens annuel qu'il tenait
en fief de Radulphe de Roquencort... et avoir vendu le
reste pour sept livres et demie parisis...

Puis un parchemin, daté du mois de mai 1225. —
*Ego Bucardus, dominus Marliaci..., notum facimus quod
Radulfus de Roquencort... recognovit quod tota terra*

6

quam idem Radulfus tenet et tota illa terra quæ tenet ab uxore et illa terra quam vendidit domino Gace de Malo Dumo etiam de decima de Roquencort quæ decima est de Dominæ Vallis... — Moi, Bouchard, seigneur de Marly... nous faisons connaître que Radulfe de Roquencort... a reconnu que toute la terre qu'il tient de lui-même, toute celle qu'il tient de son épouse et celle qu'il a vendue à Gace, seigneur de *Malo Dumo*, aussi de la dîme de Roquencort qui est elle-même de la dîme de Notre-Dame-du-Val...

Au dos : « *Bucardus de Marliaco certavit, et .. Radulfus de Roquencort est de decimator de Roquencort.* — Bouchard de Marly l'a certifié et... Radulfe de Roquencort est sous la « juridiction » du décimateur de Roquencort.

Du 29 mars 1229. — ... *Radulphus de Roquencort armiger et Aalidis, uxor mea... vendidisse ecclesiæ Sancti Honorati... sexdecim libris parisiensis duo arpenta... territorio de Roquencort quod vocatur longueroie... Gascho de Malodumo, miles ; Arnulfus, dictus miles ; Guillaumus de Roquencort.* — Radulphe de Roquencort, écuyer, et Aalide, son épouse... ont vendu à l'église de Saint-Honoré... pour seize livres parisis, deux arpents de terre au territoire de Roquencort qui est appelé « longue roie » ou les longues raies . (Témoins) : Gaucher de Mauny, chevalier ; Arnulphe, dit chevalier ; Guillaume de Roquencort.

En 1230 (règne de Louis IX), c'était un chevalier breton qui était seigneur suzerain de la terre de Rocquencourt.

Il se nommait Hervé du Chastel (*Herveus de Castello*)
et était chevalier : il paraît être le huitième aïeul du
célèbre Tanneguy du Chastel, celui qui tua le duc de
Bourgogne sur le pont de Montereau, en 1419. Il avait
épousé Sybille de Leslin. Son père était Bernardin du
Chastel « chevalier » qui scella de son sceau un acte de
1274. Il y est représenté à cheval tenant l'épée haute, de

Sceau de Hervé.

la main droite et de la gauche soutenant un écu chargé
de fasces, le cheval caparaçonné aux mêmes armes. Il
épousa Anne de Léon, qui était de grande lignée. Ils
portaient « de fasce, d'or et de gueules de six pièces ».

Hervé devait être en même temps seigneur de
Bruyères (en Hurepoix). Son sceau se trouve appendu à
une charte de 1230 dont il sera reparlé ci-dessous. Ce

sceau est rond et mesure o m. o6o. Le chevalier est
représenté sur son coursier, le bouclier aux armes. A
l'entour, on lit ces mots :

✗ S : (*sigillum*) HARVEUS

DE CASTRO; DOMINUS DE BRUROLES.

Le contre-sceau est : écu à une fasce brisée d'un lambel

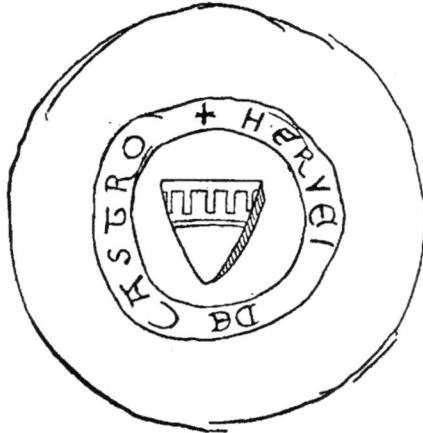

Contre-sceau de Hervé.

de cinq pendants mouvants du chef, avec cette légende :

✗ HARVEI DE CASTRO.

A la même charte, se trouve le sceau de sa femme :
Adèle de Bruyères. Celui-ci est ogival et mesure o m. o65

de haut. Il représente une dame debout, à droite, en

Sceau d'Adèle, femme de Hervé du Chastel.

robe à manteau étroit, coiffure carrée à mentonnière et
accostée de deux fleurs de lys. Il porte :

✠ S *(sigillum)* DNÆ AALIZ. DE BRUEROLIS.

Le contre-sceau représente un pélican sur son nid, en
touré de ces mots :

✠ SECRETUM AALIZ.

Contre-sceau d'Adèle, femme d'Hervé.

Donc, Hervé avait donné en fief à GARNERUS (Garnier)
DE ROQUENCORT un cens de 6 sous et 4 deniers parisis.
Celui-ci les avait à son tour transportés à RADULFUS (ou
Rodolphe) DE ROQUENCORT. Au mois de mars 1230 (ancien
style) ce même Garnier donne la cinquième partie de ce
cens à l'église de Saint-Denis, puis vend son droit au
reste pour la somme de sept livres et demie parisis. Ces
donation et vente sont approuvées par Hervé et sa femme
Aelis dans un acte sur parchemin scellé et signé par les
contractants (et qui est aux Archives nationales avec les
suivants).

La même année, Hervé avait encore signé et approuvé
deux chartes :

Une première, dans laquelle *Radulfus de Roquencort*
avait donné la cinquième partie de 30 sous parisis de
cens annuel à Rocquencourt à l'église de Saint-Denis.

Une deuxième, dans laquelle *Garnerus de Roquencort*
déclarait donner à la même église la cinquième partie de
6 sous et 4 deniers de cens annuel à Rocquencourt, dans
le fief donné par Hervé du Chastel audit Radulphe de
Roquencort.

Enfin, une troisième établie par... *officialis curiœ
parisiensis*, l'official de la cure de Paris certifiait que...
*Radulfus de Roquencort, scutifer et Aalidis, uxor ejus
recognoverunt... dedisse in puram et perpetuam eleemosynam ecclesiœ beati Dyonisii quintam partem trigenta
solidorum annui census sitorum apud Roquencort... et
residuum dictorum trigenta solidorum recognoverunt
vendidisse religiosis nostris... per trigenta et sex libris
parisiensis.....* Radulfe de Roquencort, chevalier, et

Aelis, son épouse, ont reconnu avoir donné en pure et perpétuelle aumône à l'église de Saint-Denis la cinquième partie de 3o sous de cens annuel à Roquencort et avoir vendu le reste desdits 3o sous aux religieux pour 36 livres parisis... »

En 1248, la seigneurie change de propriétaire et passe aux mains de HENRI DE ROQUENCORT. Celui-ci tua le prévôt royal de Châteaufort. Alors, par charte rendue à la Roche Glui (en 1248), Saint-Louis confisqua la terre de Roquencourt comme punition de ce meurtre. Il la donna à Philippe, son concierge de Paris; celui-ci mourut en 126o. Il était fils du chambellan du roi, avec lequel il fit divers échanges. Il lui céda entre autres sa terre de Nemours, dont il jouissait après son frère Gauthier III, maréchal de France.

Rien ne fait connaître, ni même soupçonner, quelle fut l'attitude de ces différents seigneurs au moment des Croisades. Ont-ils pris la Croix? Pour quelle expédition? Quelle a été leur fortune?

En 1373, l'abbaye de Longchamps possédait des biens à « Chièvrelou », ainsi qu'un bois et des terres arables au « terrouer de Roquencourt ».

Au mois de mars 1389, le roi Charles VI... « savoir fait à tous par les présentes, nous avons reçu humble supplication de *Bureau l'huissier* et Guillemette sa sœur... » dont le père était receveur général des aides. Ses biens ayant été confisqués, ils s'adressaient au roi pour réclamer... « deux petits hostels, l'un nommé Roquencourt au val de Gally... »

Nous sommes alors en pleine guerre de Cent ans (troisième période). Quel fut le sort du village pendant les diverses alternatives de succès et de revers qui signalèrent cette triste époque ? Aucun document à ce sujet.

CHAPITRE III

FAMILLE THUMERY

Après avoir appartenu à ces différents seigneurs, le village devint pendant près d'un siècle, la propriété des Thumery, que dans certains actes on trouve encore désignés sous le nom de Taumery.

Ils se succédèrent de père en fils, sans la moindre interruption de 1475 à 1570. Ils portaient : « d'azur à la croix écartelée d'or et d'argent, engrelée et cantonnée de quatre boutons de rose au naturel ».

Gobert de Thumery, chevalier, était seigneur de Boissise-le-Roi, du Val-de-Galie et autres lieux.

Enguerrand de Thumery, l'un de ses enfants, fut aussi seigneur au Val-de-Galie et autres lieux. Il prit du service contre les Anglais, pendant la dernière période de la guerre de Cent Ans. Il aurait été placé à la tête d'une compagnie d'ordonnance que les Parisiens avaient envoyée, en 1441, au secours de la ville de Pontoise. Il avait épousé Jacqueline de la Fontaine, fille de Jean de La Fontaine, chevalier de Mitry et d'Epinay, près de Saint-Denis. Il en eut plusieurs enfants.

En 1475, (règne de Louis XI) la famille Thumery possédait presque tout « le terrouer ».

JEAN II DE THUMERY, seigneur de Rocquencourt, conseil-

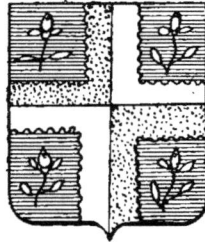

ler du roi et trésorier de France, épousa en cette même année la fille de *Thierry de la Cloche,* autre propriétaire et seigneur de Rocquencourt. Jean mourut en 1511 : il avait eu 5 garçons et 4 filles.

En 1532, le seigneur était THIERRY DE LA CLOCHE, procureur du roi au Châtelet de Paris, époux de Philippote de Nanterre. Sa fille, Perrette de la Cloche, avait épousé Méry Bureau, seigneur de Saint-Souplex et de la Houssaye-en-Brie et mourut en 1532. Avant 1552, c'était

Pierre Taumery, écuyer, auquel succède sa veuve Philippe Fournier.

Divers ouvrages font aussi mention, vers cette même époque, comme étant seigneurs de Rocquencourt, de *Jean de Conty*. Mais jusqu'à preuve irréfutable du contraire il y a tout lieu de supposer qu'il s'agit du Rocquencourt situé dans le département de l'Oise. Du moins, leur établissement en notre commune n'est rien moins que prouvé.

A la mort de Jean II, survenue en 1511, le domaine passa aux mains de Pierre de Thumery, écuyer, conseiller du roi et trésorier des guerres. Il est mort en 1550. Il avait épousé, en 1525, demoiselle Philippe Fournier, fille de Jacques, seigneur de Marcq.

Il était père de :

1º Nicolas de Thumery, seigneur de Rocquencourt, mort célibataire en 1552, au service de Henri II. En cette même année, un parchemin signé à Fontainebleau, au nom du roi, reconnaît... « que Nicolas de Thumery, seigneur de Rocquencourt, a... au bureau de notre Chambre des Comptes fait foi et hommage qu'il nous doit faire en raison du fief dudit Rocquencourt ».

2º Jean III de Thumery, écuyer, seigneur de Rocquencourt et de Voluceau, procureur au Parlement de Paris. Il avait, en 1529, acheté le fief du haut Villepreux et fut maintenu dans sa noblesse par arrêté de la Cour des Aides de Paris, en 1542.

Il avait épousé :

1º Le 17 février 1514, *Marguerite Josse*, fille de Jean Josse, avocat au Parlement de Paris et de Marguerite

Cyrot. Ils portaient : « d'azur à trois couronnes de chêne d'or placées 2 et 1 ». Il fit son testament le 12 novembre 1557, laissant de ce premier lit GERMAIN DE THUMERY, seigneur de Rocquencourt et de Voluceau, marié à Françoise d'Harsillemont, fille de Michel, seigneur d'Harsillemont et de Jeanne Guillaume. Les d'Harsillemont portaient : « de gueules à trois pals de vair au chef chargé de 3 merlettes de sable en fasce ».

De ce mariage naquirent :

1º Lancelot, seigneur de Loupeignes et de Chatignonville, près Chartres,

2º Jacques de Thumery, chevalier de Saint-Jean de Jérusalem. Il portait : « de gueules à 3 filles vêtues d'argent, le corps posé à la renverse et s'appuyant sur les mains, leurs cheveux d'or, les deux du chef affrontées », 1524.

3º Richard, seigneur de Voluceau ;

4º Nicolas de Thumery ;

5º Marie de Thumery, mariée à Christophe Hamelin, avocat au Châtelet de Paris.

II. Jean III de Thumery épousa ensuite, le 1er mai 1532, Perenelle Suhart (qui portait : d'or à la croix fleuronnée de gueules).

De ce second mariage naquirent :

6º Robert de Thumery, seigneur de Chatignonville, en partie ;

Et 7º Richard de Thumery, écuyer, seigneur de Voluceau, homme d'armes de la compagnie de M. de Nevers. Il épousa, en 1552, Marie d'Harsillemont, sa belle-sœur, dame de Loupeigne, en partie. Il en eut trois enfants.

CHAPITRE IV

VOLUCEAU

E fief de VOLUCEAU, dont il est parlé ici, est encore aujourd'hui une ferme importante, située à l'extrémité ouest de la commune, mais dépendant de Bailly (canton de Marly-le-Roi).

Ce nom vient-il de *vallicella*, petite vallée ? Cela se pourrait. Voici les différentes manières dont il fut successivement orthographié : Val-Oursel, Valourseau, Valousseau, Valusseau, Vauluceau.

Dans une charte de 1220, on parle de Pierre de Valle-Orseli; en 1249, Milon de Naufle, chevalier, en présence de l'official de l'évêque de Paris, fait un échange de deux arpents de vignes, situés à l'Etang-la-Ville, avec les religieux de Notre-Dame-de-la-Roche pour deux pièces de vignes sises à la « Cropte de Marly », en la censive des héritiers de Val-Ourselle *(Valle-Orselli)* qui furent autrefois à noble dame Isabelle de Rotoire. En 1347, la ferme est appelée « Vaulneau ». En 1400, le jeudi 13 février, Jean de Louveciennes fit aveu à l'abbaye de Saint-Denis pour un fief qui fut à Agnès de Louveciennes, consistant en cinq arpents de terre à « Valoursel », six quartiers et dix perches à « Monthion », trois arpents de terre en friche près les bois de « Valoursel » tenant d'une part au chemin de Paris, etc... En 1560, on écrit « Vaulusseau ». En 1679, ce fief fut enclavé dans le grand parc de Versailles et appartenait au roi. En 1698, Liénard de la Roche est qualifié « garde du roi dans le parc de Volusseau ».

Cette ferme fut vendue, comme faisant partie du domaine royal, le 19 messidor an V, au citoyen Henry, demeurant à Paris, avec entrée en jouissance le 29 prairial an IV. Elle avait été louée le 8 novembre 1786 pour 2879 livres.

Il est probable que Jean de Thumery avait tout récemment acquis ce domaine, car c'est lui qui, le premier des seigneurs de Rocquencourt, ajoute à ce titre celui de « seigneur de Vaulusseau ».

A sa mort, ses domaines passèrent à GERMAIN DE THUMERY, écuyer, seigneur de Rocquencourt et de Voluceau, capitaine de 300 hommes à pied. Il vendit plus tard ses propriétés. Pourquoi ? Etait-ce pour payer une rançon ?

La maison de Thumery avait formé plusieurs branches, entre autres celles de Ménildon et de Béchevet. La ferme de Béchevet est aujourd'hui entièrement enclavée, avec ses dépendances, dans le domaine de Beauregard. Elle fut vendue, comme faisant partie du domaine royal, le 24 fructidor an V, au citoyen Puichenat, demeurant à Paris, avec entrée en jouissance le 4 messidor an IV. Elle avait été louée 1944 livres, le 21 octobre 1793, à François Laissement.

Le 26 août 1785, Philippe de Thumery un descendant de cette illustre famille, fut reçu chevalier de Malte.

Au xvie siècle, le titre de « seigneur de Rocquencourt » était encore porté par les Sanguins, par le financier Blondel, favori de Henri II et par François de Conti.

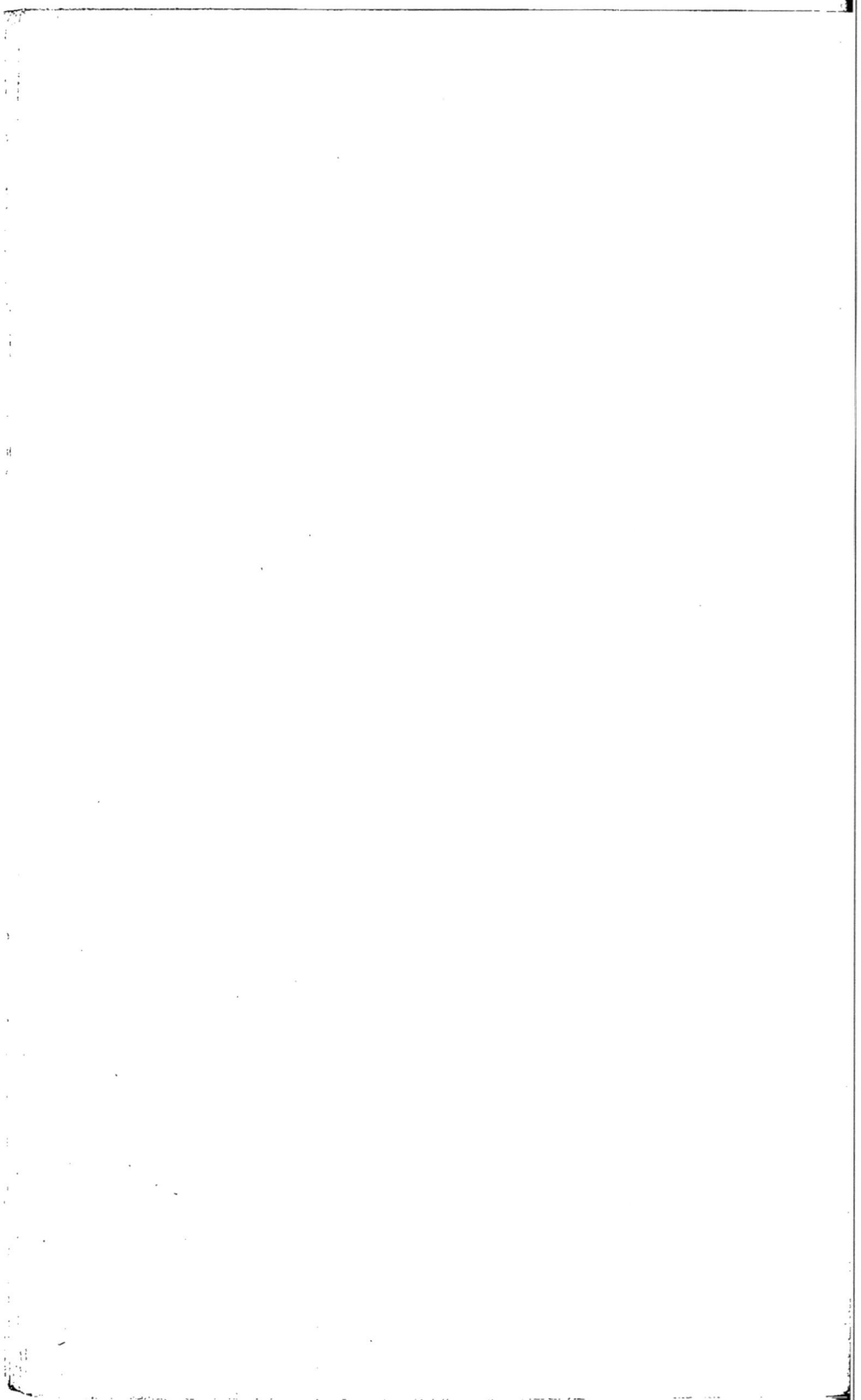

CHAPITRE V

BLONDEL

Après les Thumery, c'est André **BLONDET** ou **BLONDEL**, de la ville de Lyon.

C'était un homme actif et intelligent ; il dut sa fortune à Diane de Poitiers, la fameuse duchesse de Valentinois. Sans doute, les nombreux domaines que Diane possédait dans les environs : à Buc, à Bailly, à Grignon et à Noisy engagèrent Blondel à se fixer à Rocquencourt. On sait que la belle duchesse prenait le titre de « dame de Noisy-en-Cruie ».

Il commença par être contrôleur des Finances du Dauphin. Lorsque ce prince, qui l'aimait singulièrement, devint roi sous le nom de Henri II, il lui donna le con-

7

trôle général des Finances du royaume et porta ses appointements à la somme de 30,000 livres.

Ses armes étaient : « d'azur, au chevron d'or accompagné de trois blondeaux ou tourterelles de même posés 2 et 1 ».

André Blondel avait une affection toute particulière pour le couvent des Filles pénitentes de Paris dont le premier monastère était à Paris, rue Saint-Denis. Il leur fit don d'une rente de trois cents livres sur l'Hôtel-de-

Ville. A sa mort, survenue en 1557, sa veuve fit ériger un superbe mausolée par maître Ponce, célèbre sculpteur de l'époque. Ce monument était fort beau. D'après la relation faite par Sauval, Blondel était représenté couché et étendu sur un drap où il paraissait dans l'attitude d'un homme qui s'abandonne au sommeil. Il avait épousé Anne de La Rue dont il n'eut pas d'enfants.

Lorsque le couvent des Filles pénitentes, où ce monument avait été placé, fut transporté à Saint-Magloire, en

1572, celles-ci emportèrent précieusement les cendres de leur bienfaiteur et y établirent le monument élevé par maître Ponce.

Le monument dont il est ici question était au musée du Louvre, salle de sculpture de la Renaissance, n° 38. aujourd'hui, il se trouve placé dans une autre salle. Son épitaphe est aussi en bronze. En voici un extrait : « Cy gist messire André Blondel, chevalier, sieur de Rocquencourt, conseiller du roi et controlleur général de ses finances, qui decedda à Beauvais, le septième jour de novembre l'an mil cinq cent cinquante-sept... »

Il avait plusieurs hôtels à Paris ; il en donna un à Diane de Poitiers et un autre à l'Hôtel-de-Ville.

La mort de Blondel inspira la muse de Ronsart, qui dédia à sa mémoire une ode qualifiée par lui d'épitaphe. En voici un extrait :

« ... Or toutefois conformer il nous faut
Au saint vouloir du grand Dieu de là-haut,
Qui des mortels à son vouloir dispose
Et pour le mieux ordonne toute chose.
Lequel a pris en sa céleste cour
André Blondel, seigneur de Rocquencourt,
Et l'a tiré de cette fange humaine
Pour lui donner demeure plus certaine;
Où loin d'ennuis et de soins langoureux,
Vit très heureux entre les bienheureux !
Car bien qu'il fût grand trésorier de France,
Bien qu'à l'époque il eût toute puissance,
Qu'il fût courtois, gracieux et gentil,
D'un esprit vif, vigilant et subtil,
Qu'il fut ami des belles Piérides,
De leurs rochers, des sources Aonides,
Bon serviteur des princes et des rois,
Si fût-il né pour mourir quelquefois
Et pour changer ce misérable monde
Pour être au ciel où tout plaisir abonde... »

La pioche des démolisseurs qui, moins encore que le temps, ne respecte rien, continue à faire disparaître les vestiges du Paris d'autrefois. En 1887, c'était la maison « ...... d'un ancien contrôleur des Finances sous Henri II, le sire de Rocquencourt, qui fut abattue par suite de la démolition du pâté de maisons destinée à livrer passage à la rue du Louvre prolongée. Après le sire de Rocquencourt, cette demeure avait été habitée par les Harlay et enfin par la famille de Verthamm, dont un des descendants a été tué à Patay (Loiret) en portant l'étendard des zouaves pontificaux, à l'armée de la Loire, pendant la guerre de 1870-1871.

En dernier lieu, c'est sur cet emplacement que se trouvait la Cour des messageries d'Orléans... »

« Les guerres de la Ligue, de même que plus tard les troubles de la Fronde, se firent plus ou moins ressentir dans les environs de Paris. Tour à tour, ligueurs et royalistes ruinèrent le pays ; et, entre autres exactions, ils ravagèrent la ferme de Gally, ainsi que les terres et les villages environnants ».

Donc, Rocquencourt dut être fort maltraité soit par les uns soit par les autres, et peut-être même par tous les deux.

Le roi Henri II, en l'an 1553, par acte rendu à Fontainebleau et signé Jourdain reconnaît que... « André Blondel, chevalier, seigneur de Rocquencourt, a au bureau de notre Chambre des Comptes fait foi et hommage qu'il doit faire en raison du fief dudit Rocquencourt ».

Même reconnaissance fut faite par un autre acte du même genre rendu à Villers-Cotterets et signé : Jourdin.

CHAPITRE VI

FAMILLE SANGUIN

Après avoir passé par les mains de tant d'illustres personnages, le domaine de Rocquencourt devint la propriété d'une nouvelle famille non moins illustre : les Sanguins, dont presque tous les noms et qualifications se trouvent dans les registres paroissiaux à dater de 1564.

« Au moment du siège de Rhodes par Mahomet II, en 1479, dit Vertot dans son *Histoire des chevaliers de Malte*, le grand-maître Pierre d'Aubusson avait appelé tous les chevaliers à la défense de l'île. Parmi les braves qui répondirent à son appel, on trouve encore... Louis Sanguin, Parisien ». C'était l'un des ancêtres de cette famille.

Simon Sanguin, capitaine gruyer pour le roy des forêts de Livry et de Bondy, seigneur de Livry, Couberon et Vaujour, acquit, en 1474, la terre de Fontenay-le-Bel achetée à Florimond de Sailly.

Il épousa : 1º Marie Martin, dont il eut un fils, Nicolas ; 2º Marguerite Lecoq, fille de Gérard, seigneur d'Esgrenay et de Coupvray, et de Gillette de Corbie. Celle-ci était tante d'Ambroise de Corbie, femme de Claude Sanguin, chevalier de l'ordre du roi, gentilhomme de sa Chambre, seigneur de Rodemont, Marchais et Prunelay-

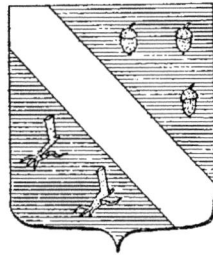

en-Brie et dame d'honneur de la reine Catherine de Médicis. Jean Lecoq, son quatrième aïeul était père de Robert Lecoq, évêque et duc de Laon, pair de France, en 1351.

De ce mariage naquirent :

1º Claude, auteur de la branche des Sanguins de Rocquencourt ;

2º Jean, écuyer, seigneur de Fontenay-le-Bel ;

3º Et plusieurs autres fils qui ont formé différentes branches collatérales.

Claude Sanguin, seigneur de Santeny-en-Brie, fut élu échevin de la ville de Paris, le 16 août 1523, puis bailly du Louvre. Il fut père de Jean Sanguin.

Les armes de cette famille étaient : « d'azur à une bande d'argent accompagnée en chef de trois glands d'or posés 2 et 1 et en pointe de deux pattes de griffon du même, mises en bandes et de trois demi-rôles d'argent posés en orles et mouvantes au bord de l'écu ».

Jean Sanguin, seigneur de Vaulusseau, en partie, de Santeny et de Rocquencourt, notaire et secrétaire du roi, maison et couronne de France et de ses finances, le 7 mars 1558, fut élu échevin de la ville de Paris le 6 août 1564. Il devait encore porter le prénom de Philibert.

Le 7 février 1556, il épousa Marie de Beaugi ou Beaugy, fille de René, secrétaire du roi.

De ce mariage naquirent :

1° Philippe ;

2° Jean Sanguin, seigneur de Rocquencourt, indivisément, trésorier de France en Bourgogne ;

3° Jacques Sanguin, seigneur de Pont et de Végron, souche d'une famille établie en Bretagne ;

4° Nicolas Sanguin, seigneur de Pierrelaye, gentilhomme ordinaire des guerres et intendant de l'Amirauté.

Comme on vient de le voir, Jean Sanguin prenait aussi le titre de « seigneur de Santeny ». *Centeniacum* était une annexe de la commanderie de Malte qui avait été fondée par Jeanne, comtesse de Blois et de Brie, en 1290. Elle jouissait de 1,900 livres de revenu en 1783. Ce Santeny se trouvait « dans l'ancienne Brie ». Serait-ce celui qui fait aujourd'hui partie de la commune de Boissy-

Saint-Léger ? En 1572, il avait fait foi et hommage au roi Charles IX de son fief de Rocquencourt. En 1584, Henri III par acte rendu à Paris reconnaît... « notre ami et féal conseiller, notaire et conseiller de la maison et couronne de France, messire Jehan Sanguin, seigneur de Rocancourt, décédé, sa femme, Marie de Beaugi, fait foi et hommage... »

Après sa mort, le domaine de Rocquencourt passe à PHILIPPE SANGUIN, conseiller du Châtelet, puis à la Cour des Aides, seigneur de Voluceau et de Rocquencourt. Il se marie, en 1595, à Marie Maillard, fille de noble homme Geoffroy Maillard, bourgeois de Paris.

Ensuite viennent ses fils :

1° PHILIPPE SANGUIN, conseiller du roi (Louis XIII) en ses conseils d'Estat et privés, seigneur de Rocquencourt. Il devint, en 1628, écuyer, conseiller du roi à la Cour des Aides à Paris, le 22 novembre 1631. Il épousa Marie Ferrand, fille d'Antoine Ferrand, seigneur de Villemilan, lieutenant particulier de la prévosté et vicomté de Paris : ils n'eurent pas d'enfants. Marie Ferrand était la grand' tante du comte Ferrand, ministre d'Etat, chevalier des ordres, auteur de « L'Esprit des Lois ».

2° « Noble homme » Jean Sanguin, écuyer, seigneur de Rocquencourt et de Voluceau, après la mort de son frère aîné. « Il fut maistre d'hôtel ordinaire du roy ». C'était Louis XIV.

3° Charles Sanguin, écuyer, seigneur de Voluceau, capitaine au régiment de Normandie, puis lieutenant de la compagnie, mestre de camp du même régiment ;

4° Claude Sanguin, religieux bénédictin ;

5° Marie Sanguin, femme de Jacques Le Prévost, seigneur d'Herblay, maistre des requestres et commissaire en la généralité de Lyon.

Pendant que l'Est et une partie du Midi et de l'Ile-de-France se trouvaient décimés par la famine et les déprédations des armées (notamment de 1636 à 1666) et que la peste et les maladies exerçaient de terribles ravages sur les pauvres paysans et les artisans, la population de Rocquencourt ne paraît pas avoir souffert de tous ces malheurs. C'était une compensation aux calamités précédentes.

En 1674, « Baudoin était fermier et recepueur (receveur) de la terre de Rocquencourt. » En 1676, « honorable homme François Cornet, lieutenant de Versailles, preuost (prévôt) de Rocquencourt et autres lieux » avait pour greffier en cette paroisse « Nicolas Sellier ». Il faut se rappeler que le seigneur de céans était « haut, moyen et bas justicier ». Mais il est à croire que sa juridiction s'étendait au-delà de Rocquencourt. Une liasse d'actes d'audience, commençant au 11 novembre 1754 et déposée aux archives départementales, mentionne des jugements rendus contre des personnes de Rueil, Bougival, la Celle. Le greffier, qui presque toujours résidait à Rocquencourt, était assisté du notaire royal de Marly.

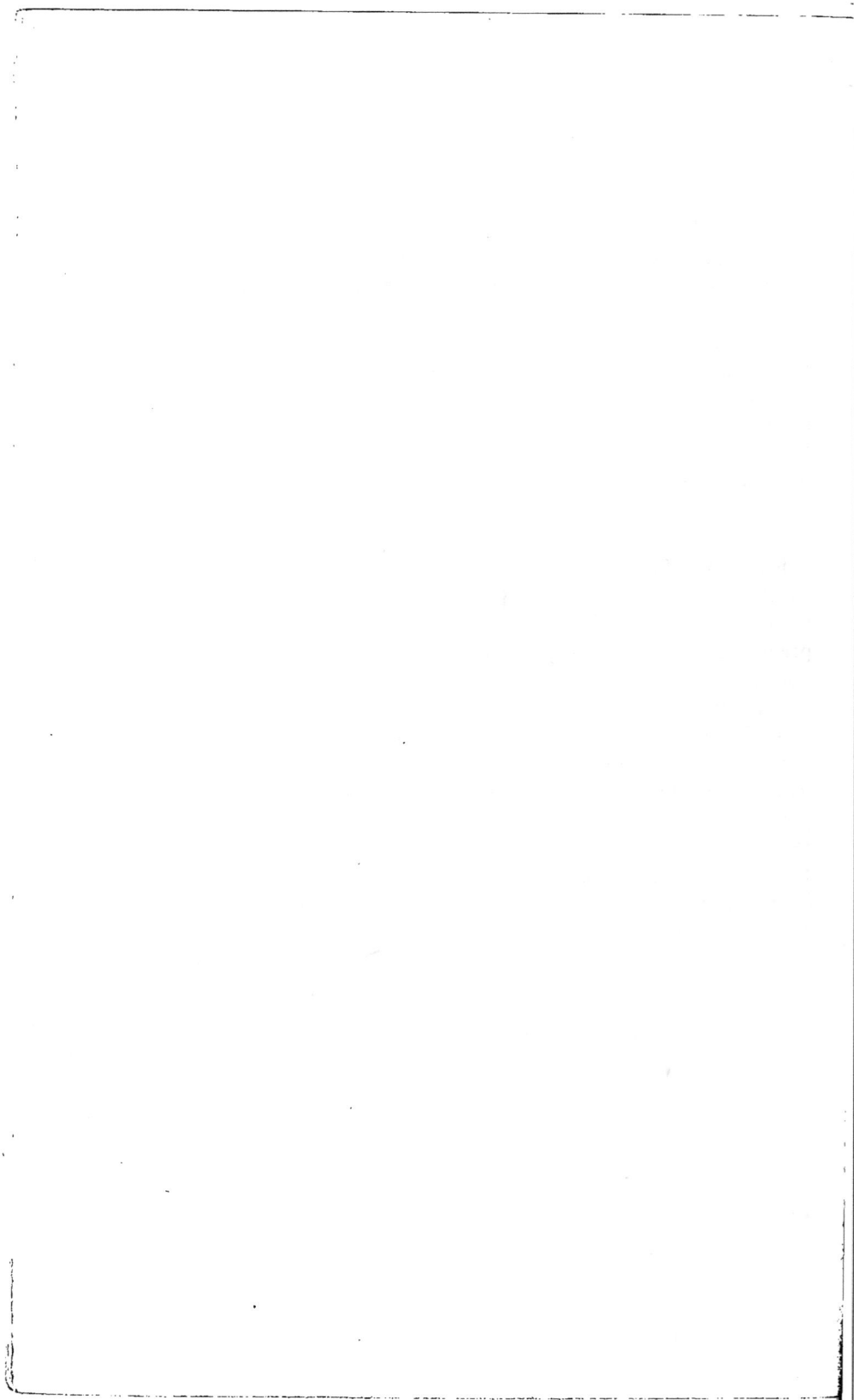

CHAPITRE VII

POPULATION ANTÉRIEURE

L E village devait être beaucoup plus peuplé autrefois qu'il ne l'est aujourd'hui. Les registres font mention de... « boucher, boulanger, sage-femme, maréchal-ferrant, tonnelier, tixerand en toille, thuillier, etc... » qu'on ne trouve plus aujourd'hui.

En 1711, il y avait « un officier de la fauconnerie et marchand cabaretier » en même temps! « Un maître chirurgien » aussi cabaretier. Il est à croire que le « *passage* » était tout aussi important qu'aujourd'hui, puisqu'il y avait trois auberges, aux enseignes « du Cygne », « du Temps présent », de « la Croix Blanche ».

En effet,... « à cette époque où le vieux pont de bois, qu'a remplacé depuis à Sèvres celui en pierres que nous

voyons actuellement, dit Dulaure, n'existait pas encore ;
la grand'route de Paris à Brest traversait Saint-Cloud et
se dirigeait de là vers Vaucresson, Rocquencourt, Villepreux, etc. Il fallait passer par ici pour aller au village
de Choisy-aux-Bœufs, aujourd'hui complètement démoli. » Est-il besoin de rappeler les fameux voyages de
la Cour à Marly ?

Marly

En 1721, « Lamy, bourgeois de Versailles, notaire et
conseiller du roi à Versailles, était prévost de Rocquencourt », lieu de résidence du « procureur fiscal de la prévosté de ce lieu », « de l'entrepreneur des plans et
pépinières du Roy », de son fontainier, des gardes-
chasses. Outre ceux de Chèvreloup, il y avait encore « les
gardes des plaisirs du Roy, dans le grand parc royal de
Marly, à la porte de Rocquencourt. » Ceux-ci dépen-
daient « de la capitainerie de Saint-Germain-en-Laye ».

Il y avait entre autres, en 1744, « messire Jacques du Charry, cheualier, escuier, officier des chasses des parcs de Versailles et Marly. »

En 1771, le curé annonce 100 communiants à Pâques ; l'année suivante, il n'y en n'a plus que 60 et toujours en diminuant, sans doute proportionnellement à la population.

En 1774, le « prévost juge civil, criminel et de police de la haute, moyenne et basse justice de Rocquencourt » se nommait Baralié.

« Vers cette époque, dit l'abbé Lebœuf, Le Chesnay était réuni à Rocquencourt, ce qui prouve que Le Chesnay n'est pas considérable par lui-même, puisqu'on lui en joint un autre ». En 1709, les deux paroisses formaient 89 feux. Que les temps ont changé depuis ! Rocquencourt ne compte pas 200 habitants, alors que Le Chesnay en a plus de 3,000.

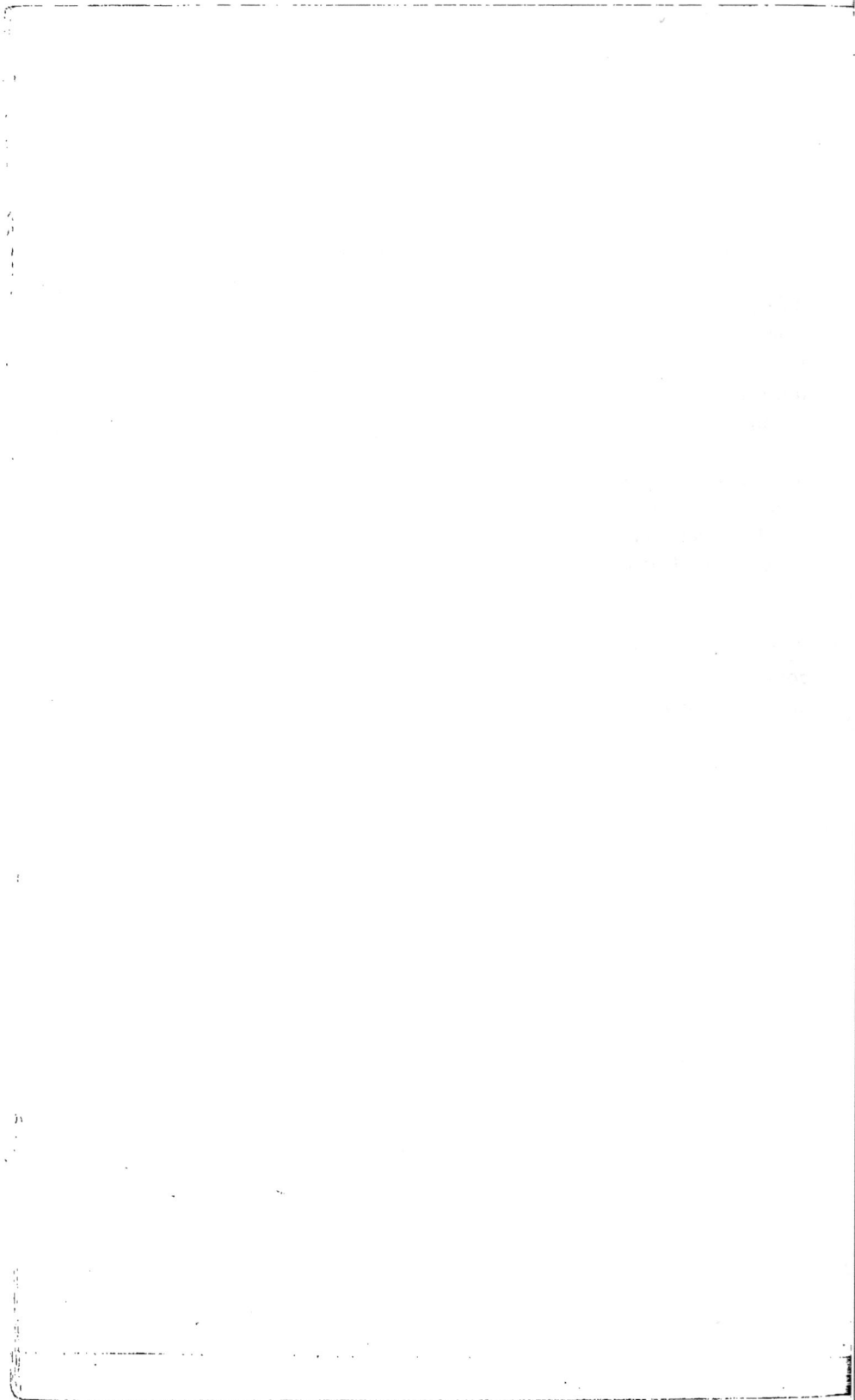

CHAPITRE VIII

LES DERNIERS SANGUINS

JEAN SANGUIN mourut le 24 mai 1672, époux de Marguerite de Cossé. Il fut remplacé par son fils, JEAN PHILIPPE SANGUIN, escuyer chevalier, seigneur de Rocquencourt, Chèvreloup, Volusseaux et Dartenay. (Dans un autre endroit ce mot est remplacé par celui de Lartenay.)

Il épousa, le 19 août 1669, Jeanne Baptiste *Bézard*, fille de Jean Bézard, conseiller du roi et son secrétaire. Ils donnèrent, en 1762, à l'église de Rocquencourt une cloche qui portait leur nom : celle-ci est aujourd'hui à l'église du Chesnay. Il mourut à Paris le 25 novembre 1712.

En 1676, paraît le premier « maistre d'escole, François Eurard (Evrard) receu depuis peu dans ma paroisse avec promesse de se faire agréer par messieurs nos supérieurs... » dit le curé.

« Le mercredy, 17ᵉ février 1677, a été inhumé dans le cimetière dudit lieu, Jean Mongin, l'un des cochers du charroi du roy..... et a ledit Mongin fait testament par lequel il donne à l'église de Rocquencourt trente livres une fois payées à charge de dire une messe basse par chacun an pour le repos de son âme. »

Tous ces détails se trouvent dans les anciens registres paroissiaux, qui contiennent d'ailleurs une foule de documents précieux et originaux. Ainsi on y parle, en 1612, du Chesnay, de Bougival, de Saint-Germain-en-Laie, « au jour de monsieur Saint-Denis, » — d'un « procureur fiscal et notaire au comté de Villepreux », — d'un « maistre baigneur et parfumeur privilégié suivant la cour », — d'un « capitaine du vol de la corneille dans la grande fauconnerie », — « d'un capitaine commandant en chef le vol des champs de la grande fauconnerie », etc.....

Louis XIV est à l'apogée de sa gloire. Il veut faire de Versailles une demeure digne de lui, de sa cour et de son siècle. Il vient d'arrêter les plans gigantesques qui vont enclaver des pays entiers dans le grand et le petit parc de Versailles. Il veut acquérir et réunir à son domaine toutes les seigneuries que l'Abbaye de Saint-Germain-des-Prés et les autres corporations religieuses possèdent dans le bailliage de Versailles.

Alors sont construits les murs du grand parc pour l'édification desquels le roi fait abattre tout ce qui gêne.

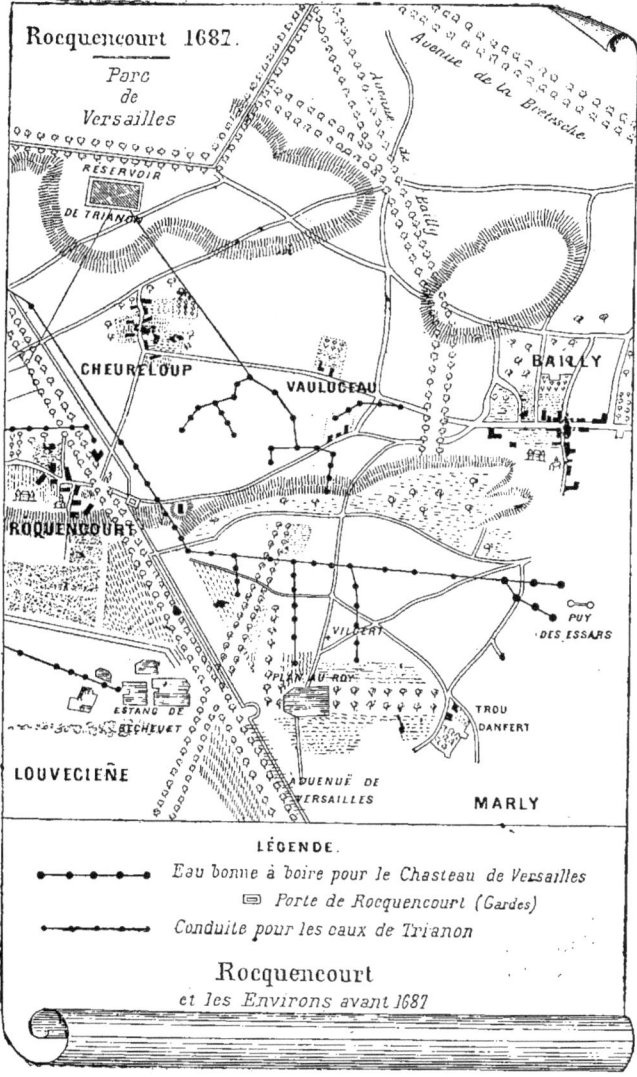

Rocquencourt 1687.

Parc
de
Versailles

RÉSERVOIR
DE TRIANON

Avenue de Bailly

Avenue de la Bretesche

CHEURELOUP

VAULUCEAU

BAILLY

ROQUENCOURT

VILLERT

PUY
DES ESSARS

PLAN AU ROY

ESTANG DE
BÉCHEVET

TROU
DANFERT

LOUVECIEÑE

ADUENUÉ DE
VERSAILLES

MARLY

LÉGENDE.

Eau bonne à boire pour le Chasteau de Versailles

▭ Porte de Rocquencourt (Gardes)

Conduite pour les eaux de Trianon

Rocquencourt

et les Environs avant 1687

C'est ainsi que le village de Choisy-aux-Bœufs fut démoli; de même le hameau de Chèvreloup. A ce moment
Rocquencourt fut compris dans le grand parc, qui avait
20 lieues de circuit : Bailly, Bois-d'Arcy, Buc, etc.....
étaient aussi renfermés dans ce parc.

Le roi fit tracer de nouvelles routes, entre autres celle
de Versailles à Saint-Germain-en-Laye, le boulevard
Saint-Antoine, etc....., creuser l'étang et en 1689 bâtir,
dans l'église paroissiale, une chapelle latérale en rem-
placement de celle qu'il avait fait disparaître à Chèvreloup quand il fit démolir le pays pour la rectification du
Parc.

A ce sujet, le 1er avril 1699, M. Alexandre Bontemps,
premier valet de chambre ordinaire du Roy et intendant
des châteaux et parcs du domaine de Versailles, au nom
du roi, constitue « une rente de 10 livres par an, payable
le 1er janvier, sur le domaine dudit Versailles pour être
employée aux réparations et entretien d'une chapelle
nouvellement construite par ordre du roy en l'Eglise
paroissiale de Rocquencourt et à ses frais au lieu de la
chapelle de Chèvreloup qu'il a fait démolir. »

Voici la transcription du procès-verbal dressé après la
cérémonie : — « L'an mil six cents quatre vingt neuf, le
dixième jour de novembre, nous, curé de Rocquencourt
sous signé suivant la commission de très Illustre messire
François de Harlay, archevêque de Paris, duc et pair
de France, Commandeur des ordres du roi, proviseur de
la maison de Sorbonne et supérieur de celle de Navarre,
en datte du huitième du pñt (présent) mois, signé
François, archevêque de Paris, et plus bas par Mon-

seigneur Vuillebaust, demeuré vers nous, avons fait la bénédiction d'une chapelle nouvellement construite dans notre église paroissiale par ordre et de la piété de notre pieux monarque Louis-le-Grand, au lieu d'une ancienne chapelle qui était bastie au hameau de Chèvreloup à pñt (présent) démoli sous les noms de Saint-Martin et de Sainte-Geneviève, etc..... » Elle mesurait 7 m. 15 de longueur hors-œuvre, sur 5 m. 85 de largeur.

Pendant les années 1691, 1692 et 1693, eurent lieu « au proffit du roi », plus de 30 achats ou échanges de fermes, maisons, prés et terres, représentant une surface de 456 arpens, situés soit à Rocquencourt, soit à Chèvreloup, à l'occasion de la transformation du parc de Versailles qui allait englober tout le hameau de Chèvreloup.

Toutes ces terres, « par édit du roi donné à Versailles au mois de décembre 1693, furent unies jointes et incorporées au domaine de Versailles pour n'en former qu'un seul et même fief et un même corps de seigneurie. »

A noter :

19 mars 1691 — échange entre le roi et M. le Breton, écuyer, sieur de Rossay, chapellain de Saint-Côme de Feucherolles ;

23 mars 1691 — et Marguerite Payot, veuve de Jean de Moucy, écuyer, conseiller du roi, trésorier de France en Champagne, agissant au nom de ses enfants : 1º Etienne de Moucy, lieutenant dans le Régiment de la Reine ; 2º Eléonore de Moucy ; 3º Magdeleine de Moucy, novice dans le couvent des Dames chanoinesses de Piquepusse, au fauxbourg Saint-Antoine. Elle avait la

procuration de Jean-Baptiste de Moucy, écuyer, capitaine de dragons au Régiment de Breteuil ;

13 juillet 1691 — et le curé de Rocquencourt, amortissant les dixmes des terres situées au hameau de Chèvreloup, moyennant 487 livres 7 sous 6 deniers de rente perpétuelle payable le 1er octobre de chaque année ;

27 juillet 1691 — « constitution par le roy au proffit de l'abbaye de Saint-Germain-des-Prez, de 188 livres 15 sous de rentes pour indemnité de dixmes à eux dues sur terres dans le parc de Versailles » ;

10 juin 1692 — et le seigneur de Rocquencourt, par lequelle ledit seigneur de Rocquencourt cède au roy le fief, terre et seigneurie de Chèvreloup et 50 arpens 15 perches de terres, bois, prés et vignes et 52 arpens 38 perches de terre et bois à La Celle. — A ce moment la seigneurie de Rocquencourt et ses dépendances étaient en la mouvance de la seigneurie de Poissy.

La pépinière du roi, sise à Rocquencourt contenait d'après l'arpentage du 20 mars 1696 : 46 arpens 75 perches, répartis en 4 divisions.

En 1696, Rocquencourt comprenait 40 feux. La même année, « François Gourlier, procureur fiscal de la prévosté de ce lieu » fut nommé « maistre de la poste » tout en conservant sa prévosté. Il y avait donc un relai ici ? Cependant le livre des Postes de France pour 1775 n'en fait pas mention : il indique seulement de Versailles à Marly une poste royale comme distance, sans mentionner d'arrêt à Rocquencourt.

L'Histoire nous fait connaître les suites désastreuses

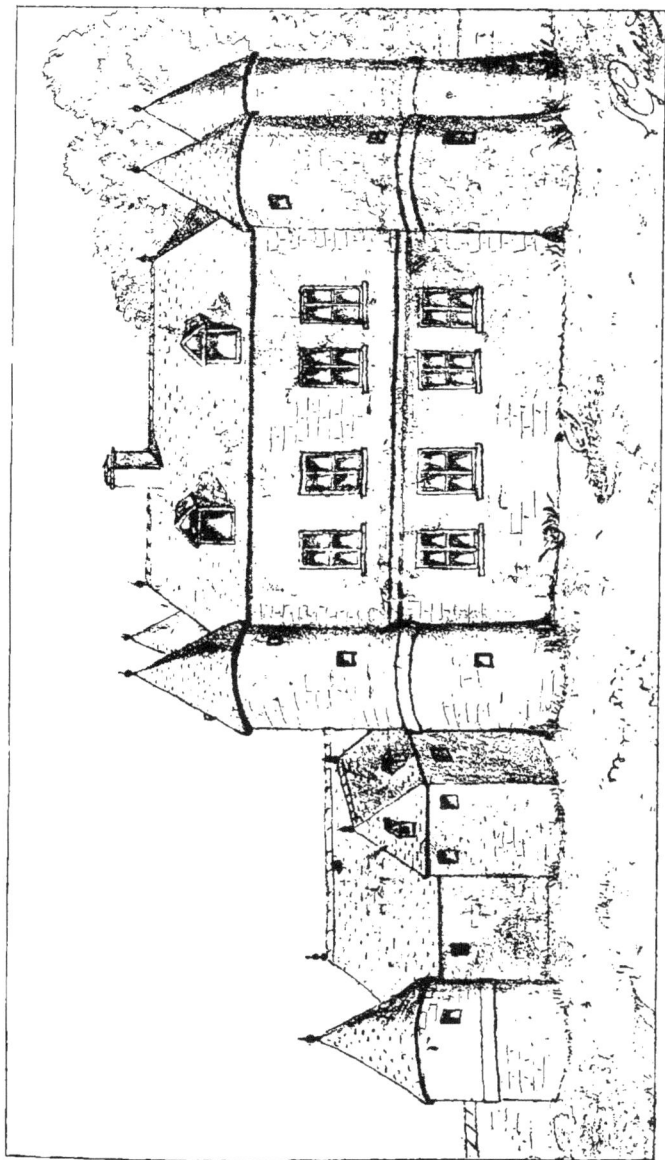

Chasteau à M. Sanguin, proche de Versailles, d'après de la Pointe.

de l'hiver de 1709 qui amena la famine. On vit les laquais du roi mendier aux portes de Versailles et Mme de Maintenon manger du pain d'avoine. Mais aucun document spécial ne peut établir la situation des habitants pendant cette période de misère.

. . . .

Jean Philippe Sanguin mourut à Paris. — « L'an 1712, le vingt-cinquième jour de novembre est décédé à Paris, carré Saint-Geneviève, paroisse Saint-Etienne-du-Mont, messire Jean Philippe Sanguin, chevalier, seigneur de Rocquencourt, Volusseaux et autres lieux, et le 27 dudit mois a été transporté dudit lieu dans sa paroisse de Rocquencourt où il a été inhumé.... dans la caue (caveau) de sa famille dans le chœur de l'Eglise. »

Il fut remplacé par son fils JEAN PHILIPPE SANGUIN II, « escuier, seigneur de Rocquencourt, de Volusseaux et autres lieux ».

Il avait épousé :

1° Le 16 novembre 1705, Marie *Goujon*, fille de François Goujon, procureur au parlement de Paris, dont il n'eut qu'une fille : Jeanne Félicité, née le 23 novembre 1706. Cette femme mourut le 6 octobre 1709, et fut inhumée dans le chœur de l'église. Elle est sans doute morte des suites de la naissance d'une fille qui fut enterrée le 16 septembre après avoir été seulement ondoyée. Cette dame avait fait une donation à l'église Saint-Séverin de Paris ; l'inscription se trouve en la chapelle Sainte-Anne, de cette même église.

2° Le 15 mars 1711, Madeleine *de la Barre*, fille de

Jean de la Barre, intendant de Monseigneur le duc d'Orléans.

Il en eut 10 enfants.

1° Magdeleine-Angélique-Victoire, née le 4 février 1712, à Paris, qui épousa Charles-Pierre Pézé, bourgeois de la ville de Gray, comté de Bourgogne. On la retrouvera pour les rentes de l'église.

2° Marguerite-Antoinette-Eugénie, née le 19 mai 1713, Elle fut reçue à Saint-Cyr, le 3 juillet 1722 ;

3° Charles-Esprit-Philippe Sanguin de Volusseau, né le 13 mai 1714.

4° Auguste-Nicolas, né en mai 1715, décédé le 9 juillet de la même année et inhumé à Rocquencourt ;

5° Arsène-Nicolas Sanguin, sieur de Lardenay, mort le 12 juillet 1717, à quatorze mois.

6° Françoise-Mélanie, née le 15 février 1718, reçue également à Saint-Cyr, le 6 octobre 1725 ;

7° Charlotte-Geneviève-Théraise, née le 8 juin 1719. Elle vivait encore le 26 janvier 1793. Elle était ursuline... « dans le ci-devant couvent des Filles-Dieu, à Chartres, et jouissait d'une rente de 75 livres, payables par la fabrique de l'église de ce lieu..... » A la mort de celle-ci, cette rente devait, d'après la volonté de la testatrice, passer à sa sœur religieuse à l'abbaye d'Hière.....

8° Marie-Adélaïde, née le 27 septembre 1721 ;

9° Claudine-Félicité-Pauline, née le 8 novembre 1723 ; Laquelle des deux était la religieuse dont il a été question ci-dessus?

10° Charles-Arsène, né le 13 octobre 1727 et mort le 20 décembre 1730.

Presque tous ces enfants sont nés ou morts à Rocquencourt, ainsi que lui : « L'an 1734, le 22ᵉ jour du mois d'aoust est décédé et le 23 dudit mois a été inhumé dans le caveau de sa famille soub le chœur de l'église de ce lieu très noble et très honorable personne Jean Philippe Sanguin, d'une des plus ancienne famille du royaume, chevalier, seigneur haut, moyen et bas justicier de ce lieu, regretté de ses sujets dont il était le véritable appuy, aagé de 59 années..... »

Avec lui s'éteignit la famille des Sanguins de Rocquencourt. Ils avaient leur épitaphe en marbre dans le chœur de l'église. Elle a disparu, ainsi que les autres, sans doute au moment de la démolition de l'église. Il est à remarquer que tous, hommes ou garçons, femmes ou filles, ont signé leur nom au bas de tous les actes religieux auxquels ils avaient assisté en qualité de témoins.

La proximité de Versailles et celles de Marly devait, sous ces seigneurs, rendre Rocquencourt très animé ; car il n'y avait pas d'autre chemin pour ces fameux voyages de Marly « dont la pluie ne mouillait pas. »

Quelques mots sur les membres les plus remarquables des autres branches collatérales.

1º Antoine Sanguin, dit le cardinal de Meudon, second fils d'Antoine Sanguin, seigneur de Meudon. Il fut évêque d'Orléans, en 1533; cardinal, en 1539; grand aumônier de France en 1543 : c'est même pour lui que cette charge fut créée. Il mourut en 1559. Il était frère de Jean Sanguin, maistre d'hostel du roi, et son lieutenant au gouvernement de Paris en 1534.

2° Nicolas Sanguin, né en 1580, évêque de Senlis en 1622, fils de Jacques Sanguin, seigneur de Livry, conseiller au Parlement de Paris ; — puis conseiller clerc audit Parlement et chanoine de Notre-Dame. Il se démit de son évêché en faveur de Denis Sanguin, son neveu, qui fut sacré à Paris, en 1652.

3° Hippolyte François Sanguin de Livry, reçu chevalier de Malte, le 25 novembre 1721. Il portait — « d'or à 3 chevrons de sable ».

4° Claude Sanguin, chevalier, conseiller du roi en ses conseils, maître d'hôtel de Sa Majesté et de feu Son Altesse Royale Monseigneur le duc d'Orléans. Il était poète ; il écrivit des « Heures en vers français » renfermant 12,000 vers.

5° Denis Sanguin de Saint-Pavin, poète a laissé des sonnets, des épigrammes, des épîtres et des rondeaux. Boileau le raille de son incrédulité. Dans une de ses épigrammes, il le désigne sous le nom d'Alidor.

Dans sa satire 1, — Adieux à Paris, le célèbre satirique dit :

... On pourra voir la Seine à la Saint-Jean glacée ;
Arnauld à Charenton devenir huguenot ;
Saint-Sorlin janséniste et Saint-Pavin bigot.....

Car, en effet, ce Sanguin de Saint-Pavin était un fameux libertin du temps, disciple de Théophile, aussi bien que Desbarreaux, Bardouville et quelques autres.

6° Etc... etc...

CHAPITRE IX

AUTRES SEIGNEURS

L A seigneurie de Rocquencourt passa ensuite aux mains de Monsieur de Chantemelle.

I. — Un acte « du 15ᵉ jour du mois de mai, parle de M. de Chantemelle et de Mademoiselle de La Carbonnerie, seigneur et dame de ce lieu. » Le 3 septembre 1746, est décédé « en son château audit lieu » Louise Toutain, damoiselle et dame de Rocquencourt, conjointement avec messire Louis Orceau de Chantemelle, écuyer, ancien gentilhomme de la chambre du Roy, fille majeure de messire Louis Toutain de la Carbonnerie, et de dame Marie-Anne Duval..... Elle a été inhumée dans la cave du chœur de ce lieu..... » Ses armes étaient: bandé d'argent et d'azur de huit pièces, les bandes d'argent chargées de onze charbons de sable allumés de gueules posés, en bande 1, 3, 4 et 3.

Ce seigneur avait pour frère : 1° Alexandre Orceau, escuyer, baron et seigneur de Fontelle; 2° François Orceau des Avennes, escuyer, ancien thrésaurier général des galères.

En 1753, il était encore seigneur et avait fait bâtir une maison. Son procureur fiscal, Bissonet, était en même temps « aubergiste ». Les armes de M. de Chantemelle étaient : d'azur à la bande d'argent, chargée de cinq amulets de gueules.

II. — En 1754, Jacques-Jérémie ROUSSEL, écuyer, fermier-général avait épousé dame Marie-Anne Marchal, il était en même temps seigneur de Rocquencourt et de La Celle-Saint-Cloud, dont il avait acheté le château. C'est dans cette dernière propriété que, aux mois de juin et juillet 1760, Collé composa sa « Partie de chasse de Henri IV », établie d'abord en deux actes sous le titre de : « Le Roi et le Meunier ».

Cette même année, le 25 mars, mourut..... « Messire Jean-Claude Coger, ancien professeur éméritte de l'Université de Paris, bachelier en théologie, et ancien curé de cette paroisse qu'il avait gouvernée pendant 48 ans. » Son neveu, l'abbé Coger François-Marie, prebtre, licencié en la Faculté de théologie de Paris et professeur au Collège Mazarin, dit l'acte, fut recteur de l'Université. Il composa pour son oncle une épitaphe latine qui fut déposée dans l'église.

En 1757 « dans la chapelle de la Sainte-Vierge, fut

inhumé Godard, écuier, huissier du cabinet de la reine »
Marie Leczinska, femme de Louis XV.

III. — Messire Eustache Guillaume, LE MAIRE DE FLI-
COURT, écuyer, conseiller du roy, contrôleur général de
la marine et fortifications des places maritimes de France,
demeurant à Paris, rue Thévenot, lui succéda probablement en 1763.

19 mars 1766. — Don par le roi d'un terrain de
40 perches environ, sur le chemin de Versailles à Marly,
à David et sa femme. L'acte est signé par le marquis
de Marigny.

Le 16 juillet 1771, « messire Jacques-Sébastien Pré-
paud, ministre en cour de France de Son Altesse Monseigneur Prince Evêque de Spire » est inhumé dans
l'église. Il était décédé au château de Beauregard, qui
appartenait à ce moment au cardinal de Furstemberg.
Alors « la ferme de Béchevet » et « le chasteau de Beauregard » apportaient leurs morts à Rocquencourt; aujourd'hui ils font partie de La Celle-Saint-Cloud.

IVᵉ et dernier seigneur. — La seigneurie devint ensuite en 1771, la propriété de... « Messire Pierre Julien
DE LA FAYE, écuyer, conseiller du roi Louis XV, trésorier
général des gratifications des officiers et des troupes,
contrôleur ordinaire des guerres », demeurant à Paris
rue du Bac.

Mᵐᵉ de la Faye, dame de Rocquencourt, née Adélaïde-
Eléonore-Françoise Colin de Murcie, est décédée à Paris,
en son hôtel, rue du Faux-bourg Saint-Honoré, nº 16,
le 15 avril 1773. Elle avait par testament fondé en la

paroisse de Rocquencourt une messe tous les dimanches et fêtes, à midi.

M. de la Faye, par contrat passé devant Me Rendu, notaire à Paris, le 14 juillet 1779, vendit son domaine «.... à très haut, très puissant et très excellent Prince Louis-Stanislas-Xavier, fils de France, frère du Roy, Monsieur, duc d'Anjou, d'Alençon, comte de Provence, du Maine, du Perche et de Senonches, et très haute et très puissante et très excellente princesse Marie-Joséphine-Louise de Savoie, son épouse, Madame, par Jean-Louis-Richard, écuyer, valet de chambre de Madame, demeurant à Versailles..., le château de Rocquencourt, près de Marly-le-Roi, le parc et ses dépendances, ensemble tous les autres biens fonds réels généralement quelconques sans aucune autre réserve que celle de la seigneurie de Rocquencourt, dans laquelle il y a haute moyenne et basse justice, la directe de ladite terre et de tous les droits honorifiques et utiles qui dépendent de ladite seigneurie et encore de 54 arpents de terre, et les cens, surcens et rentes.... » pour la somme de 90.000 livres, plus une autre de 5.496 livres 2 sols après inventaire des ustensiles du jardin et du potager.

Le 12 mars 1780, remis ses titres comprenant 19 actes allant du 13 février 1553 au 1er janvier 1879.

« .... et le jour de Saint-Bernard, le 20 août suivant (1779) Madame y est venue pour la première fois avec Madame la comtesse d'Artois, sa sœur. LE ROI a acheté la seigneurerie dudit Rocquencourt en même temps de M. de la Faye, dernier seigneur. Cette dernière affaire

consommée par contrat passé chez Me Thibault, notaire
à Versailles, le 11 mars 1780.

« Madame jouissait en toute propriété du château à
cause du fief des Carneaux, renfermé dans son enclos,
lequel ne relève pas de Sa Majesté. Le parc contient 68
arpens, et en face une prairie de 22 arpens lui appar-
tient aussi ».

Un état des officiers en charge de la maison de Madame,
dressé le 8 janvier 1790, porte :

1°	Chapelle............	2
2°	Chambre	44
3°	Faculté............	8
4°	Chambre aux deniers.	35
5°	Cuisine. — Bouche..	25
6°	Fourriers...... 5+	4
7°	Ecurie.............	24

dont les gages se montaient à 229551 livres 4 sous 11
deniers.

Le domaine de Rocquencourt «.... paraissant devoir
être à la convenance de Sa Majesté, Monsieur et Madame
n'auraient point voulu en faire l'acquisition sans en pré-
venir Sa Majesté qui, pour éviter toute difficulté relativement aux limites, aurait préféré de les réunir à son
domaine de Versailles avec une pièce de 54 arpens......
Monsieur et Madame auraient borné leur acquisition au
château, au parc avec ses dépendances et à la pièce de
pré contenant 21 arpens 83 perches et Sa Majesté voulant consommer l'acquisition de ladite seigneurerie de
Rocquencourt, de la pièce de terre ci-dessus et des objets
compris dans le contrat d'acquisition de Monsieur et Ma-

dame, au prix de 76.000 livres... Après rapport du sieur
Moreau de Beaumont, Conseiller d'Etat ordinaire et au
Conseil royal des finances, le Roi étant en son conseil a
commis le Prince de Poix, capitaine des Gardes, gouverneur des Ville et Château de Versailles et administrateur
des domaines et dépendances pour acquérir au nom de
Sa Majesté, dudit sieur de la Faye, la terre et seigneurie de Rocquencourt, située près de Versailles, ensemble la justice et généralement tous les objets en dépendant
autres que ceux acquis par Monsieur et Madame par le
contrat du 14 juillet dernier, pour le tout acquis pour et
au nom de Sa Majesté être mis et incorporé au domaine
de Versailles et être régi et administré ainsi que les
autres objets....

Dans une lettre du 15 septembre 1780, Richard intendant et gouverneur des bâtiments et jardins de Madame,
informe les cordeliers de Noisy-le-Roi que Madame leur
accordait 150 livres sur l'état ordinaire de sa maison de
Rocquencourt, pour gratification et augmentation de la
précédente fondation contractée par le couvent avec
M. de la Faye, qui l'avait cédée à Madame dans la vente
du domaine.

« Le château fut occupé le 1er avril 1788, par M. Cro-
mot de Fougy, un mois durant, et en juillet par M. Morel,
ancien contrôleur des rentes à Paris. L'acquisition du
château par M. Morel est du 1er juin. »

CHAPITRE X

FAITS DIVERS

E N 1782, l'église avait reçu de notables réparations « le côté gauche du chœur a été refait à neuf et au lieu du pesant mausolée qui était dans cette muraille même, on a ouvert deux croisées pour donner du jour et de l'air à l'église. » — « M. Hennin a fait les choses de la manière du monde la plus honète et la plus gracieuse. »

Augustin Henri Hennin de Beaupré, écuyer conseiller du Roy, procureur de Sa Majesté au Bailliage Royal de Versailles et inspecteur des domaines de Versailles, Marly, Meudon et dépendances, demeurait à Versailles.

Le mausolée dont il est parlé ici était, sans doute, celui qui..... « dans le sanctuaire servait de sépulture à

9

Philibert Sanguin, de la cour des Aydes, vers l'an 1600, et à ses descendants seigneurs. »

En 1784, la paroisse comptait 50 feux et 7 en dehors.

En 1786, « on avait commencé la construction du château actuel pour Mme de Provence; par suite de la Révolution, il resta inachevé..... » Louise Marie Joséphine de Savoie, comtesse de Provence (1757-1810) fille de Victor Amédée III, roi de Sardaigne, fut mariée le 14 mai 1771 à Louis Stanislas Xavier de Bourbon, comte de Provence, qui fut depuis Louis XVIII.

« ... Pierre Maurice Turgis, bourgeois de Versailles, avait pris la ferme générale des domaines de Versailles, Marly, Montreuil, Sèvres, Villepreux, *Rocquancourt*, Meudon et dépendances pour 9 années à commencer du 1er janvier 1786 moyennant la somme de 50,000 livres par an... »

... « Heurtault, commissaire des guerres, en 1787, bourgeois de ce lieu, et Amy d'Anguy, bourgeois de Paris, chirurgien de Monseigneur le duc d'Angoulême »... habitaient la paroisse. En 1788, ce dernier est désigné comme ... « premier chirurgien adjoint de Madame la comtesse d'Artois, et premier chirurgien de Leurs Altesses Royales Messeigneurs les ducs d'Angoulême et de Berry. » Il était aussi bourgeois de ce lieu. A ce moment, les enfants du comte d'Artois étaient à Beauregard.

Le 8 avril 1788, avait eu lieu la cérémonie de la confirmation par l'archevêque de Paris Monseigneur Le Clerc de Juigné ; 23 hommes, femmes ou enfants du pays et des environs reçurent le sacrement.

Antoine-Eléonore-Léon Le Clerc de Juigné de Neuchelles était né à Paris, en 1728. Nommé évêque de Châlons en 1764, il fut appelé à l'archevêché de Paris en 1781, où il resta jusqu'en 1790. Il était le 122e évêque de Paris et le 10e archevêque. Il fit partie des Etats-Généraux et mourut en 1811. C'est lui qui portait le Saint-Sacrement à la procession si fameuse qui eut lieu à Versailles, le 4 mai 1789, veille de l'ouverture des Etats-Généraux. A cette procession assistaient le roi Louis XVI, la famille royale et les 1,213 députés.

Cette année-là, Rocquencourt comptait 55 feux.

Le dimanche 12 ou 13 juillet 1788, les récoltes furent entièrement ravagées, ainsi que le pays tout entier, par une grêle horrible.

... « C'est l'un des orages les plus terribles dont on ait gardé le souvenir. Deux vastes nuages partirent des Pyrénées, parcourant toute la France du sud au nord, traversèrent aussi la Hollande et vinrent se dissiper dans la mer Baltique. Ils jetèrent partout sur leur passage — et particulièrement à Rocquencourt — avec la grêle, la pluie et le tonnerre, la désolation et la famine. L'un de ces nuages avait plus de deux myriamètres de largeur et l'autre un myriamètre. Ils étaient séparés par un intervalle de deux myriamètres qu'une pluie abondante inondait: ces nuages désastreux étaient emportés avec une vitesse de sept myriamètres à l'heure. 1,039 paroisses furent dévastées en France seulement, et la perte fut évaluée à près de vingt-cinq millions de francs. » Les plus gros grêlons auraient pesé une demi-livre, c'est-à-dire deux cent cinquante grammes! Pareille chose, comme grosseur, n'a été depuis constatée qu'à Saint-Jean-d'Angely, en août 1880.

L'hiver de 1788-1789 fut rigoureux partout, et aussi à Rocquencourt; la misère y était très grande.

Voici à ce sujet un extrait des notes de M. Lemaire, alors curé de la paroisse. — « Grand hiver; il a commencé à la Sainte-Catherine. — Depuis la mi-janvier, grande douceur de temps; le 27, le thermomètre était au tempéré; — le 8 février, 1° au-dessus de glace; continuation du temps doux; — la nuit du 13, petite gelée; le reste du mois, temps doux; — à la mi-février, le pain 42 sous; — mars, 1, 2, 3, neige; thermomètre au-dessous de glace; — le 4 et 5, neige et froid; — le 7, 5° au-dessous de glace; mon pain 42 sous les 12 livres; — le 10, neige abondante; idem, les 11 et 12; le 13, redoublement de neige et vent, grêle et vent froid. — Juin : pain toujours cher : 44 sous à Versailles, mais plus cher et plus mauvais ailleurs. — Juillet s'est passé mi-partie en pluie, mi-partie sans pluie, mais aussi sans soleil : pain toujours cher. Point de blé en France. — Août : le gros pain diminué de 3 sous les douze livres : 41 sous. — On mange à Versailles, du pain de riz et du pain de seigle, — 12 août, enfin le peuple respire; après avoir manqué de pain, ou en avoir mangé de mauvais, on vient de publier qu'il est diminué de prix : 36 sous les 12 livres. — Continuation du mauvais pain mêlé de seigle et de riz et de mauvais froment; — difficulté très grande d'avoir du pain même à Versailles où on se l'arrache des mains, et l'on partage les pains en deux ou en quatre..... »

CHAPITRE XI

———

STATISTIQUES

TAILLES. — En 1769, pour 640 livres; 1770, d°; — 1771, 660 livres; — 1772, 600 livres; 1773, 550 l.; — 1774, 550 li.; — 1775, 500 l.; — 1776, 400 liv.; — 1777, 370 liv., M. Régnier, commissaire; 1778, 340 l. d°; — 1779, 370 l., M. Duval; — 1780, 335 l., M. Aubert, jusqu'en 1783; — 1781, 330 l.; 1782, 310 l., 1783, d°; — 1784, 290 l., M. Duval; — 1785, 330 l., M. Decuguières; 1786, 325 l., M. Leschevin; 1787, 320 l., MM. Duval et Dihet; — 1788, 350 l., MM. Duval et Mirabail.

Bétail :	1734 —	1788 —	1809 —	1894
1° chevaux	4 —	14 —	11 —	12
2° vaches	10 —	18 —	25 —	15
3° moutons	30 —	» —	» —	200
4° porcs	» —	» —	» —	250

CONTRIBUTIONS. — ANNÉE 1788.

8 maisons en propres......	324	
17 — à loyer........	974	
Fonds exploités en propre..	46	
— — à loyer.....	35	4.394 livres.
7 commerçants...........	1.860	
6 artisans...............	460	
42 journaliers	675	
Rentes possibles à déduire.........	403 —	

Reste pour la taille personnelle : 3.991 livres.

En 1890, les impositions étaient : Foncières :
6.330 fr. 05 ; — Propriétés bâties : 2.079 fr. 72 — Personnelle et mobilière : 2.113 fr. 39 ; — Portes et fenêtres : 768 fr. 68 ; — Patentes, 675 fr. 48. — Total : 11.967 fr. 32.

En 1894, elles étaient de : Foncières : 4.503 fr. 18 ; — Propriétés bâties, 2.317 fr. 26 ; — Personnelle et mobilière : 2.432 fr. 18 ; — Portes et fenêtres : 784 fr. 87 ; — Patentes : 579 fr. 90. — Le budget communal s'élevait à la somme totale de 2.911 fr. 88, dont 1.808 fr. 88 pour insuffisance de revenu.

QUATRIÈME PARTIE

LA RÉVOLUTION

CAHIER DES PLAINTES, DOLÉANCES ET REMONTRANCES DES HABITANTS
DE LA PAROISSE
VENTE DES BIENS NATIONAUX
L'ÉGLISE : *a*, SES RENTES ; *b*, LE BATIMENT

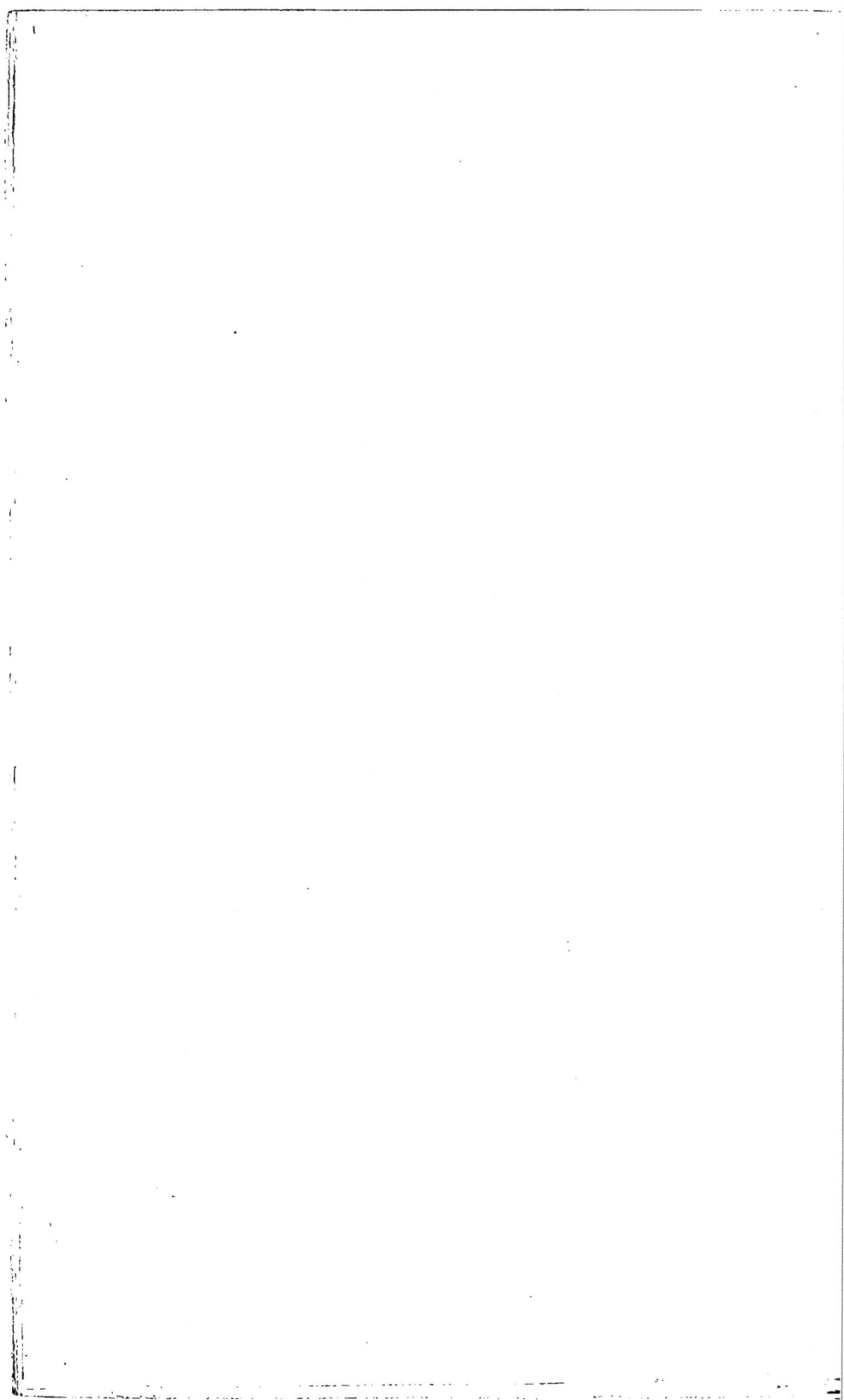

CAHIER

Des plaintes, doléances et remontrances
des habitants de la paroisse de Rocquencourt
pour l'année 1789.

Nous avons entendu les voix les uns après les autres ; nous avons trouvé les personnes de Charles Alavault et Mauny, tous deux de la paroisse et tous deux présents, fait et arrêté aujourd'hui le 14 avril 1789 dont nous avons signé tous ensemble sur ce que nous vous demandons.

Moi, Plauquet, syndic, représente qu'il y ait une police plus réglée, vu que je ne la puis tenir par moi-même.

Deuxièmement, moi Deslandes, greffier, je vous demande la diminution du pain, attendu que nous ne gagnons que 20 sous dans les pépinières de Sa Majesté, et étant chargé de beaucoup de famille qui meurt de faim.

Moi, Charles Alavault, dénommé, député, je ne saurai quoi vous demander, car la misère est si grande que personne ne peut avoir de pain.

Moi, Chabot, je vous demande une modération de taille vu que nous sommes trop chargés dans notre petite paroisse.

Moi, André Cavet, je vous déclare qu'il y a quatre bourgeois qui sont : M. Vassale, apothicaire ; M. Heubert, intendant de Madame, le sieur Rochon, maître d'école des enfants du Comte d'Artois, et le sieur Morelle, au lieu et place du château de Madame, qui tiennent les trois quarts des biens de ce pays-ci.

Moi, Jacques Hubert, je vous dis que si peu de petits jardins qu'il y ait dans la paroisse, tout est mangé par le gibier ; de fait il n'y a pas de commerce dans notre pays et c'est tous hommes de journée.

Je vous dirai que nous avons quatre gardes dans notre paroisse et que le gibier nous ruine, et que nous ne pouvons pas faire un brin de bois.

Je vous dirai que ladite paroisse de Rocquencourt est enclavée et entourée par trois parcs dont un voisin de Versailles, voisin des murs de la forêt de Marly et du parc de Rocquencourt et dépendances, ainsi que des pépinières de Sa Majesté, ce qui retranche totalement les biens de ladite paroisse ; le peu de biens qui est occupé par des particuliers sert de jardins et est mangé par le gibier.

Je vous demande que la messe qui est fondée par la paroisse de Rocquencourt, qui est dite à Noisy-le-Roi, qui a été fondée par Madame La Fée, châtelaine des lieux dans le temps, je vous demande que cette messe soit dite dans la paroisse à cette fin que les habitants en profitent, car il faut qu'ils aillent à Versailles ou au Choinois.

(Il s'agit ici vraisemblablement d'une messe fondée par Mme de la Faye en 1773. Cette fondation était faite au moyen de 150 livres de rentes sur les aides et gabelles au principal de 3.000 livres. Cette messe devait être dite en la chapelle du Château de Rocquencourt. Mais le curé d'ici et les religieux de Noisy ne voulurent pas acquitter cette fondation : celui-là par ce qu'il ne le pouvait pas et ceux-ci parce qu'ils étaient trop éloignés. Cependant ces derniers y consentirent par la suite : la fondation ayant été élevée à 300 livres.)

Je vous demande la diminution des impôts pour le vin, pour le sel, pour la viande, pour le tabac, et que nous sommes abîmés d'impôts.

Je vous dirai qu'il n'y a pas de travaux ni de commerce, vu qu'on fait travailler les ouvriers pour rien.

Que la totalité de la taille se monte à 750 livres et qu'il est impossible qu'un journalier puisse payer cette somme en gagnant 20 sous par jour.

Pour les deux députés de notre paroisse : Charles Alavault et Charles Mauny.

(Signé) Alavault ; — Hubert ; — Broquet ; — Dufay ; — Rigot ; — Picard ; — Chabot ; — Deslandes ; — Mauny ; — Plauquet, syndic. — Deslandes, greffier.

(Tiré de Madival).

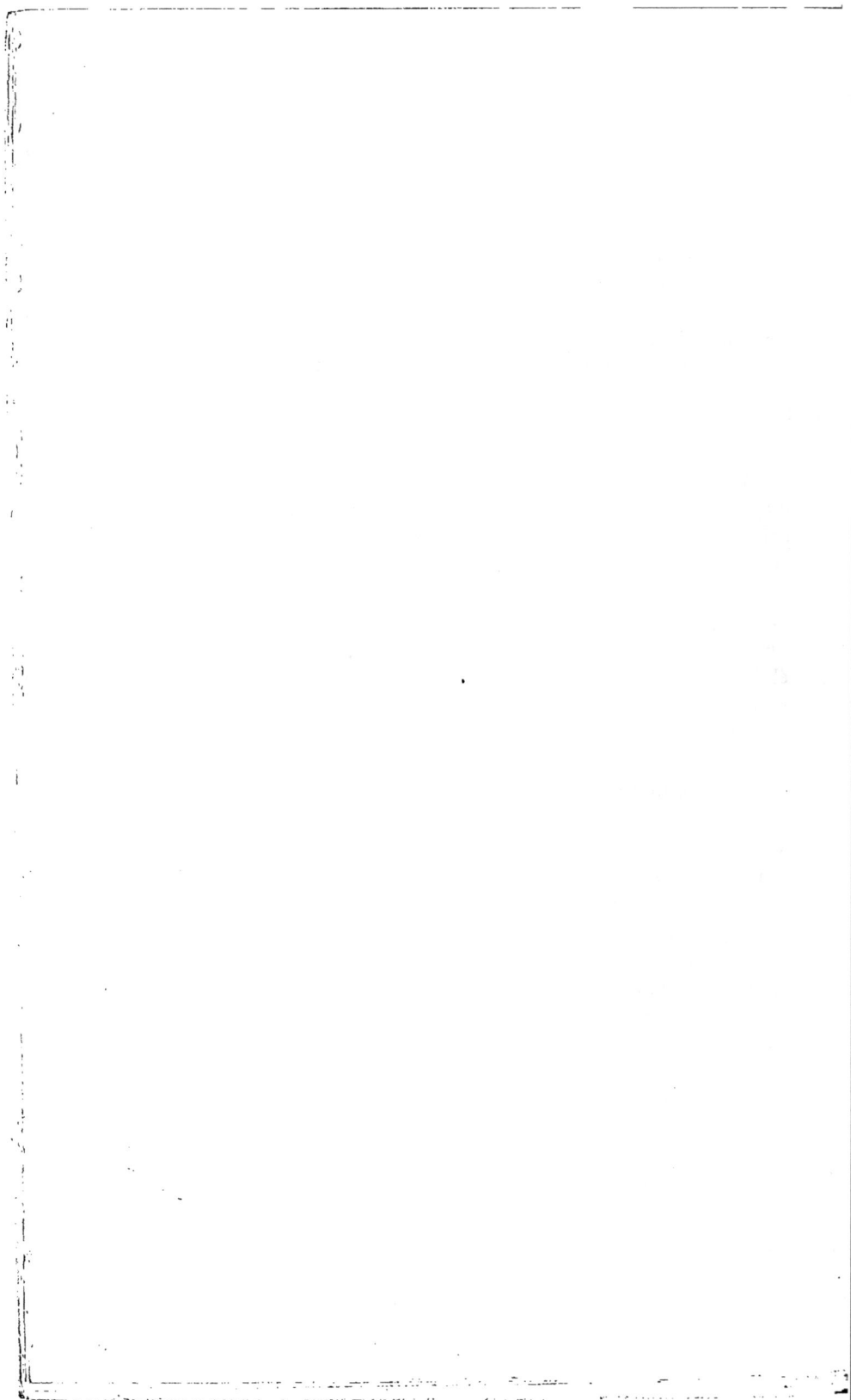

CHAPITRE II

———

BIENS NATIONAUX

E château de Rocquencourt qui appartenait à
Madame, épouse de Monsieur frère du ci-
devant roi..... a été vendu comme bien patri-
monial. Ce château a été vendu depuis 10 à 12 jours, au
citoyen Doumère (24 ventôse an II). C'était M. Doumère-
Bélan qui, en 1813, était receveur général du département du Bas-Rhin.

A l'exécution des décrets ordonnant la vente des biens
« de la ci-devant liste civile », du clergé ou des émigrés,
Rocquencourt fournit un contingent de 556,124 fr. 56,
provenant des ventes ci-dessous :

4 prairial an II. — n° 800, une maison et écurie
et grenier dessus avec jardin de 12 perches, clos de

murs et de haies vives, à Rocquencourt, attenant la porte du grand chemin de Normandie, appartenant à la liste civile, à Jean Louis Perrée, demeurant à Paris, marché aux Chevaux, n° 9, pour 4,100 fr.

14 prairial an II. — n° 814, une maison avec cour et clos fermé de murs et de hayes vives, planté d'arbres fruitiers, et prés, sis à Rocquencourt, appartenant à la fabrique, vendu à Claude Antoine Druon Rochon, demeurant à Rocquencourt, pour 6,600 fr. (La Charmille).

Par application de la loi du 28 ventôse an IV, on vendit en outre :

22 fructidor an IV. — n° 630, 4 arpens 45 perches de terre friche bordant le chemin de Rocquencourt à Saint-Germain, à la liste civile, vendu à Boulanger Antoine, pour 1,476 fr. 72.

27 pluviôse an V. — n° 1,975, maison, jardin et dépendances contenant 80 perches; 6 arpents 84 perches de prés, sis en face de la maison; 88 perches de prés en une pièce; 3 arpents de terre et 6 arpents 8 perches de terre à Rocquencourt, à la liste civile, vendu à Jaemisch Jean Georges, pour 15,709 fr. 20

11 ventôse an V — n° 2,053, presbytère, jardin et dépendances, et terrain vague contenant 5 perches, à Rocquencourt, à la cure de Rocquencourt, vendu à Leschard Jean Didier pour 900 fr.

29 ventôse an V. — Vendu la ferme de Gally et Chèvreloup, et dépendances; 481 arpents 58 perches de terre, en 30 pièces; 69 arpents 45 perches de pré; 15 arpents 41 perches de friches et 3,483 arbres, remises et ceintures de 15 arpens 70 perches, maison du suisse et

dépendances et 24 arpens 24 perches de bois, friches, etc..... autre maison et 8 arpens 33 perches de prés, etc... situés à Versailles, Saint-Cyr et Rocquencourt, à la liste civile, vendu à Aumont François demeurant à Paris pour 484,341 fr. 81. Cette ferme avait été louée le 31 janvier 1787 pour 9 années à dame Marie Victoire Dailly, veuve de Jean François Hédouin pour 8,130 livres.

3ᵉ jour complémentaire an V. — n° 2,347 — 51 perches de terre, plus la nue propriété d'un terrain contenant 50 perches, sis à Rocquencourt, à la liste civile, vendu à Leulier François, pour 231 fr. 83.

23 ventôse an VI — n° 283, n° 33 des affiches — maison, jardin et dépendances, à Rocquencourt, à la fabrique de Vaucresson, vendu à Prévost Antoine François, pour 38,100 fr.

26 germinal an VI. — n° 320 et n° 35 des affiches. — 132 perches 1/2 de terrain en deux parties, sis à Rocquencourt, à la liste civile, vendu à Boulanger Antoine pour 4,000 fr.

3 pluviôse an VII. — n° 585 et 46 des affiches — 37 perches de terre et prés en 1 pièce, sis à Rocquencourt, à la liste civile, vendu à Saint-Brice Jean Brice pour 165 fr.

2 thermidor an VIII — n° 878 et n° 62 des affiches — 17 ares 12 centiares de terre, en deux pièces, sis à Rocquencourt, à la liste civile, vendu à Cottereau Jacques Louis, pour 500 fr.

Pendant la Révolution, les représentants du peuple donnèrent du terrain.... « à 61 chefs de famille indigents à raison d'un arpent chacun; ces 61 arpents sont situés dans le petit parc de Versailles sur le territoire de la commune de Rocquencourt et à l'extrémité des terres de la ferme de Gally. » Ce don fut confirmé par l'arrêté des Consuls le 27 thermidor, an IX, portant que.... « les concessions ou arrentements de terrains concédés par le ci-devant district de Versailles en faveur des chefs de famille indigents de son ressort sont confirmés et recevront leur pleine et entière exécution. » Les concessionnaires payaient une redevance de 16 à 20 francs l'arpent, suivant la terre, à la Compagnie Félice, avec laquelle le Gouvernement avait traité cette concession.

Tout cela fut racheté par Napoléon Ier, le 24 mai 1810, par l'entremise de Me Noël, notaire de Sa Majesté.

CHAPITRE III

L'ÉGLISE

ES rentes.... « à l'époque de la Révolution, où l'exercice des cultes a cessé dans la Commune, le presbytère a été désigné par l'administration du district pour « en faire la maison commune et y établir l'école..... L'église même est devenue la maison commune par suite de la vente qui a été faite du susdit presbytère. »

La paroisse qui relevait de « la généralité et élection de Paris » faisait partie du « bailliage royal » et « formait l'arrondissement de la subdélégation de cette ville ».

Lors de la nouvelle démarcation territoriale donnée à la France par l'Assemblée constituante, la « municipalité de Rocquencourt » fut comprise dans « le 3ᵉ arrondis-

10

sement du département de Seine-et-Oise, district de Versailles « qui en l'an VIe de la République une et indivisible fut « le canton de Versailles extra-muros. » Le président de cette administration résidait à Saint-Cyr.

Toutes ces dénominations ont disparu aujourd'hui et Rocquencourt fait partie du canton de Versailles-Ouest, arrondissement de Versailles.

Les revenus de l'église étaient assez élevés. Le curé était gros décimateur.

La cure avait le droit de recevoir pour la dixme des terres renfermées tant dans le petit parc de Versailles que dans la forêt de Marly, une somme de 800 livres environ. Elle était ainsi formée : 1° 510 livres 2 sous 6 deniers, du domaine de Versailles. (En vertu de deux contrats passés par devant Mathurin Lamy, l'un le 7 mars 1681, de 22 livres 15 sous ; l'autre du 13 juillet 1691, de 487 livres 7 sous 6 deniers : payeur M. Faucond.) — 2° 132 livres 10 sous de la ville de Paris. (En vertu d'un acte sur l'Hôtel de Ville de Paris, que paye M. de la Rue, du 17 septembre 1716, de rentes perpétuelles enregistrées à la ville le 27 juin 1720, déduction faite des impositions royales de la somme de 132 livres 10 sous.) — 3° 79 livres 10 sous des domaines et bois de Paris. (En vertu d'un acte sur les domaines et bois de Paris, conformément à l'Édit de décembre 1765 et à l'arrêt du Conseil du 23 septembre 1721, de 79 livres 10 sous : payeur MM. de Cimerie ou Matagon.)

D'après divers contrats passés devant les procureurs au bailliage de Rocquencourt et des environs, et surtout devant..... Claude Legrand, seigneur des Alluets, avocat au Parlement, conseiller du Roy, son procureur en la prévosté royale de Saint-Germain-en-Laye et bailliage de Versailles ; juge royal du port Pecq, prévost juge et garde civil et criminel de la prévosté de Rocquencourt pour Messire Jean-Philippe Sanguin, chevalier, seigneur haut, moyen et bas justicier dudit Rocquencourt et autres lieux..... « Advertin Martin, vigneron, demeurant à La Celle-lès-Saint-Cloud et Marie Pottier, sa femme, reconnaissent devoir une rente annuelle et perpétuelle de 15 livres pour une maison sise à La Celle à eux cédée par Nicolas Pottier et Jeanne Maurice, sa femme. Cette rente fut transportée à Guillaume Bonissant, marchand, demeurant à Rocquencourt, qui par son testament la légua à sa mort à l'église dudit Rocquencourt. Sa veuve, Gillette Canu, y en ajouta une autre de 3 livres. Après différents transports, cette rente s'élevait à 18 livres 16 sous 4 deniers et payable à la Saint-Martin d'hiver.

Le 3 messidor an X, Jean-Louis Lefèvre, vigneron, demeurant à La Celle-Saint-Cloud, propriétaire d'une maison avec cour et jardin, reconnaît que... « sur lesdits biens, la République, au lieu et place de la ci-devant fabrique de Rocquencourt, a droit de prendre et percevoir par chaque année, le 21 brumaire, 7 livres 10 sols de rente annuelle et perpétuelle due à cette fabrique... »

En outre la fabrique avait passé 19 baux, à différentes personnes de la paroisse ou des environs, représentant la somme de 654 livres 10 sous ; plus 3 contrats formant 139 livres 10 sous ; un de 79 livres 10 sous, un autre de 132 livres 10 sous, un dernier de 150 livres, mais qui était réduit à 140 livres pour les indigents malades et l'instruction des enfants.

Enfin, par testament reçu par Me Vatry, notaire à Paris, le 3 mai 1745, Dumont Charlotte, fille majeure, demeurant à Paris, rue des Sept-Voies, où elle est décédée le 30 novembre de la même année, à 70 ans, donnait:

1° « Un contrat de 75 livres de rente, au principal de 3,000 livres assignées sur les aides et gabelles et autres revenus, au profit de Madeleine-Angélique-Victoire Sanguin, épouse de Charles Pierre Pézé, bourgeois de la ville de Gray, comté de Bourgogne. Ladite dame en devait avoir la jouissance sa vie durant, mais le fond et la propriété étaient donnés à la fabrique de la paroisse de Saint-Nicolas de Rocquencourt....

2° A Thérèze Sanguin, qui est aux Ursulines de Chartres, la jouissance sa vie durant d'un autre contrat de 75 livres de rentes sur les aides et gabelles; et après son décès, la jouissance de ce titre devait passer à la demoiselle Sanguin, sa sœur religieuse à l'abbaye d'Hière (quel nom au juste ?), et après sa mort, la propriété du contrat devait revenir à la fabrique de Rocquencourt à la charge de faire prier Dieu pour le repos de l'âme de Jean-Philippe Sanguin, seigneur de Rocquencourt et de toute sa famille, qui sont inhumés au même lieu.... »

Cette religieuse « est Charlotte-Geneviève-Thérèze Sanguin qui existe encore le 26 janvier 1793 dans le ci-devant couvent des Filles-Dieu, au même Chartres..... »

La « dixme » provenant de la récolte de 1790 avait produit net 87 livres 4 sous que le curé abandonna à la municipalité pour les pauvres. La même année, il donna encore 235 livres 16 sous pour les travaux publics, et ensuite 100 livres pour la contribution patriotique.

La vente des biens de l'église a eu lieu le 30 pluviôse an II. Elle avait duré pendant 3 décades, et a fini le 20 ventôse. Le montant de l'adjudication a été de 1,190 livres 19 sous pour 84 lots. L'argenterie avait été portée au district de Versailles, le 4 frimaire, et pesait 14 marcs 5 onces 3 gros; le fer, porté le 15 frimaire, pesait 618 livres, et les cuivres 153.

La cloche a été réclamée par les habitants de la commune. Lors de la vente des effets de l'église, elle a été accordée par l'administration du district pour l'utilité de la commune. N'avaient pas davantage été vendus avec les autres biens de l'église : 1° le tableau du maître-autel, représentant saint Nicolas ; 2° l'autel en menuiserie (ordre dorique) ; 3° la chaire à prêcher ; 4° le tribunal.

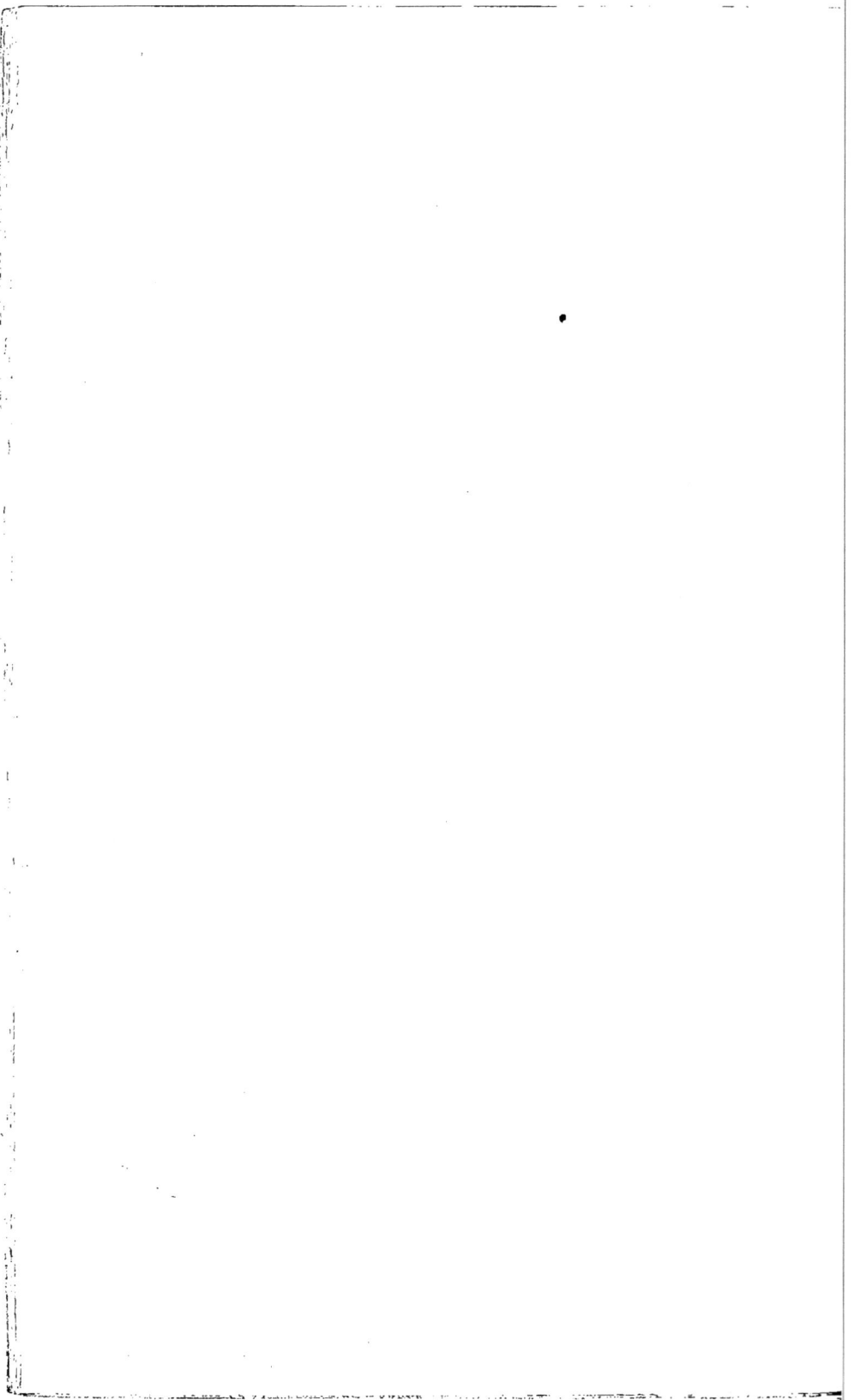

CHAPITRE IV

L'ÉGLISE — BUDGET

ES curés n'avaient pas levé de dixmes de 1662 à 1680 sur les biens du roi, lequel pour ce fait leur donna 409 livres 18 sols et 9 deniers.

L'estimation du fond et de non-jouissance de la dixme due au sieur Jean Coger, curé de la Paroisse de Rocquencourt et ensemble les non-jouissances de la même dixme aussi due..... était de :

40 arpents de terres labourables			. . .	1.400 livres		
5	—		—	. . .	227 —	10 sous
7	—	27 perches	—	. . .	282 —	15 —
14	—	50 —	—	. . .	661 —	5 —
16	—	50 —	—	. . .	606 —	7 —
4	—	75 —	—	. . .	105 —	
77	—	25 —	—	. . .	579 —	7 —
165	—	25 —	—	. . .	5.295	
			TOTAL	9.157 livres	5 sous	

Il faut remarquer que Chèvreloup — démoli en 1686 — rapportait 424 livres 9 sols 6 deniers.

Un autre état du 12 mai 1729 dressé par ledit Jean Claude Coger accusait, 1° Revenus :

Indemnités et dixmes	487 livres 7 sous 6 deniers
Rentes	132 — 6 —
Supplément aux dites	79 — 10 —
Pour honoraires	100 —
Droits de dixmes	30 —
Casuel	25 —
TOTAL	854 livres 3 sous 6 deniers
Avec charges de	26 — 17 —
RESTE	827 livres 6 sous 6 deniers

La qualité de la cure consiste en grosses dixmes qui cependant ne sont pas toutes perçues en nature, attendu que le roi a enfermé toutes les terres et prés dans ses petits parcs de Versailles et de Marly excepté environ 3o arpens. — Le curé est seul décimateur dans l'étendue de la paroisse. — Le patron est saint Nicolas; Monseigneur l'Archevêque de Paris en est le collateur.

1° Le 12 mai 1729, ils étaient de	777 l. 19 s. 6
2° Le 21 février 1757, les revenus étaient de	886 l. 19 s. 6
Sous Chédeville de	950 l.

et là-dessus il entretenait 9 orphelins.

Le 18 février 1781, Lemaire curé, annonce :

9 arpens de terres ou parcs	80 livres
Maisons et marais au Chesnay	120 —
— jardin et clos à Rocquencourt	96 —
9 arpens de terres à Saint-Cyr	64 —
A reporter	280 livres

	Report. . . .	280	livres
Clos à Rocquencourt.		22	—
Rentes du roi		170	—
— par différents particuliers		188	—
— obituaires.		134	—
TOTAL.		874	livres
Les charges étaient de.		700	—
RESTE.		174	livres

Le Roi payait pour dixmes sur ce domaine de Versailles 510 livres et la ville de Paris 132 livres.

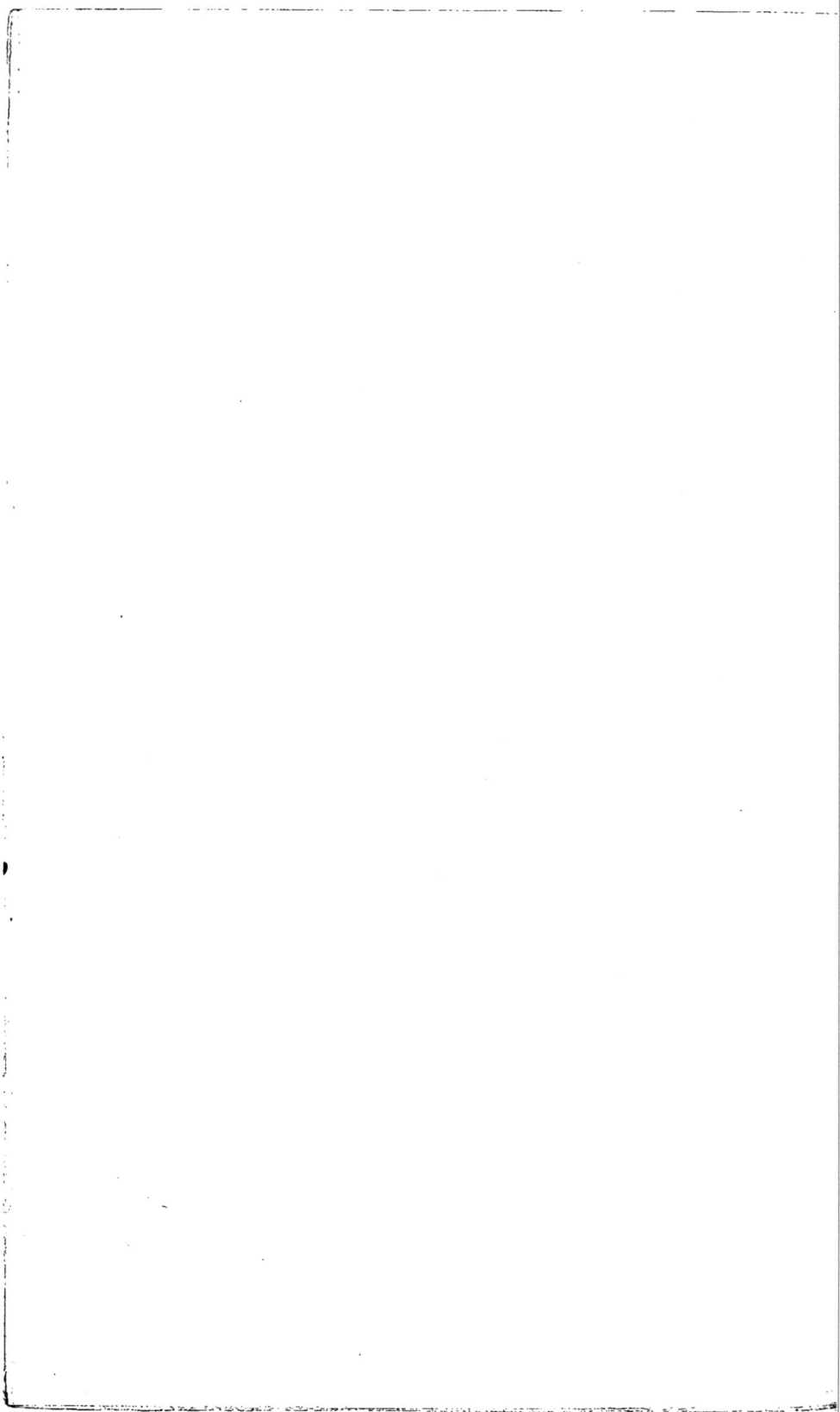

CHAPITRE V

L'ÉGLISE — LE BATIMENT

E N réponse à une circulaire du préfet de Seine-et-
Oise, M. Prévost, maire, écrit à la date du
12 pluviôse an X..... « L'intérieur de l'église
peut contenir 200 personnes qui s'y réuniraient pour
l'exercice du culte catholique, qui n'a pas lieu dans ce
même édifice par l'impossibilité où se trouvent les
habitants de la commune d'en faire les réparations et de
salarier un ministre de ce culte : le seul existant dans la
commune... »

... On y voyait 3 épitaphes en marbre de Messieurs
Sanguin, et celle de Jean Claude Coger, décédé curé de
ce lieu en 1754.....

... Cet édifice qui a dans sa longueur hors œuvre :

18 m. 50 et dans sa largeur 7 m. 15, non compris la chapelle latérale qui a 7 m. 15 de longueur hors œuvre et 5 m. 85 de largeur.....

Après la tourmente révolutionnaire, le Premier Consul conclut (le 15 juillet 1801) avec le pape Pie VII, le Concordat qui fut ratifié à Rome le 15 août suivant. Le 29 novembre, il divisa la France en 10 métropoles et 50 évêchés ; Paris conserva son titre de siège métropolitain dont il jouissait depuis 1622, et eut 8 évêchés suffragants, entre autres celui de Versailles qui avait pour territoire les départements de Seine-et-Oise et Eure-et-Loir.

Un nouveau concordat, conclu entre Louis XVIII et le pape, le 11 juin 1817, rétablit plusieurs sièges supprimés en 1801, parmi lesquels se trouve celui de Chartres, et le diocèse de Versailles fut définitivement renfermé dans les limites du département de Seine-et-Oise.

D'après une ordonnance de Mgr l'évêque de Versailles, en date du 30 ventôse et approuvée par le Premier Consul le 18 germinal « ... la cure de Rocquencourt était comprise dans la 3e classe du tableau » annexé à cette ordonnance. Cette proposition tendait au rétablissement de toutes les paroisses ayant une certaine importance ; les autres leur furent annexées. Pour le diocèse de Versailles, la première érection eut lieu le 24 vendémiaire an XI (16 octobre 1806).

Fermée pendant la Révolution, l'église était devenue « le temple de l'aître suprême », dit Bourdin « officier public de la commune. » Elle fut de nouveau ouverte lorsque Bonaparte rétablit le culte, et dès qu'il fut

possible d'y envoyer un desservant. Ce fut le dernier :
Jean-Laurent Berthier de Chemilly ; nommé au mois de
frimaire an XI, il prit possession de son poste le 5 nivôse
et le quitta en messidor.

A ce moment, l'église était bien délabrée... « l'estimation faite des réparations urgentes et nécessaires par
un entrepreneur de maçonnerie et de couverture... peut
s'élever à la somme de 1,000 à 1,100 fr. » En outre, il n'y
avait plus « aucun objet servant au culte, et pour en
avoir de nouveau, le Conseil vote 800 fr., mais fait
remarquer l'impossibilité où se trouvent les habitants de
la commune de s'acquitter de cette dette, si le Gouvernement ne vient à leur secours, attendu qu'il ne reste
aucun des anciens revenus de la fabrique. » Il est à croire
que « le Gouvernement ne vint pas à leur secours », car ils
furent obligés de se cotiser pour acquérir les objets les
plus indispensables.

Mais le 11 janvier 1806 la commune fut réunie pour le
culte « à l'église Saint-Germain, paroisse du Chesnay et
de Rocquencourt » qui fait partie de l'archidiaconé et
diaconé de Notre-Dame de Versailles.

C'est sur les instances réitérées du Conseil municipal
que cette réunion fut demandée... « pour l'exercice du
culte, vu la difficulté, pour les deux paroisses, de payer
séparément un desservant et surtout vu le mauvais état
de l'église. » Cependant, le Conseil aurait vivement
désiré que Rocquencourt fût le chef-lieu. . « la proximité
de ces deux communes ne laisse aucun doute sur la faci-
lité de leur réunion. La commune de Rocquencourt étant
traversée par deux grandes routes très fréquentées, la

position de son église, celle de son presbytère... tout
paraît militer en faveur de Rocquencourt pour y établir
le chef-lieu. »

Avant 1789, il était assez rare de voir supprimer une
paroisse ; toutes possédaient des revenus suffisants pour
l'entretien du pasteur, mais lorsque les biens de l'Eglise
furent pris par le Gouvernement révolutionnaire, il ne lui
resta plus rien. En 1802, les évêques ne proposèrent pas
le rétablissement des petites paroisses. Le Gouvernement
étant intervenu, elles furent réunies à celles dont elles
étaient voisines. Après différents essais, le tableau des
paroisses fut rédigé par Mgr Charrier de la Roche, le
12 décembre 1807, signé par le Préfet le 23 du même
mois, et peu après par le Ministre des Cultes. On fit
entrer dans ce tableau les paroisses annexées, parmi
lesquelles se trouve celle de Rocquencourt, qui était
réunie à celle du Chesnay.

Le cimetière est également commun. Il n'y a de remarquable que le tombeau, en marbre blanc, de la famille
Ney. C'est là qu'est inhumé le général Michel Ney, duc
d'Elchingen, petit-fils du maréchal Ney, le brave des
braves.

Enfin, l'église menaçant ruine fut fermée, vendue et
démolie. Cette démolition paraît avoir eu lieu en octobre
1811. Voici l'autorisation :

« Au palais impérial de Saint-Cloud, 14 août 1811.

Décret :

Art. 1er. — Le maire de la commune du Chesnay,
département de Seine-et-Oise, est autorisé à aliéner au
nom de la fabrique de la succursale de l'église du lieu, et

aux enchères publiques, l'église supprimée de Rocquencourt et ses dépendances, estimées 825 fr. 53 pour le
produit de l'aliénation être employé à payer les frais de
construction et le prix d'acquisition d'un presbytère après
toutefois que cette acquisition aura été autorisée par
décret spécial... »

Elle fut achetée 2,600 francs par M. Doumère-Bélan.

En 1812, la misère fut si grande que l'on distribua
aux malheureux de la commune du 16 février au 30 avril :
155 litres de pommes de terre ou haricots; 77 kilogs de
pain (22 livres par jour); le pain blanc valait 1 fr. 20 les
2 kilogs. Cette distribution fut faite à 21 indigents et
close le 31 aoùt.

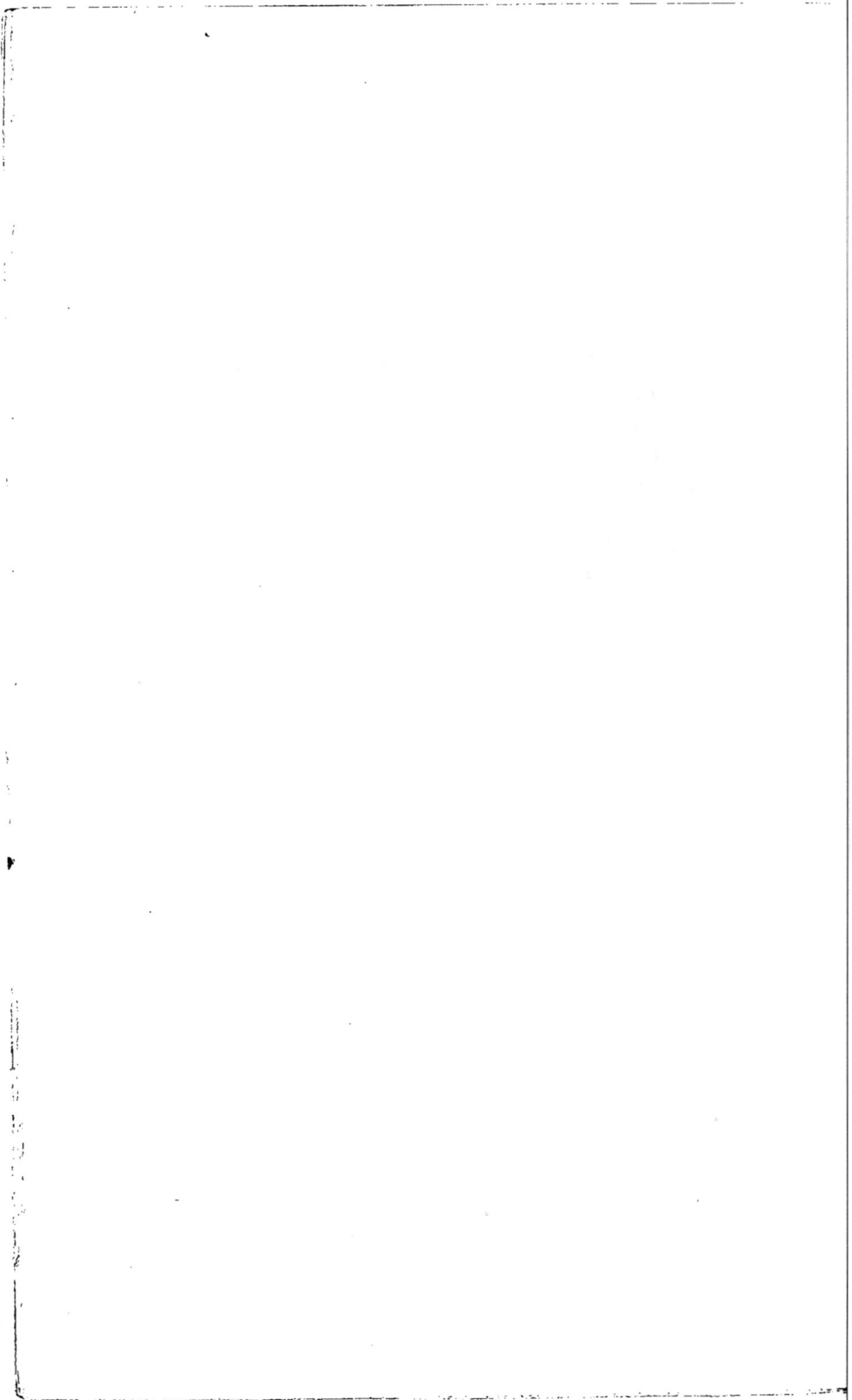

CINQUIÈME PARTIE

LES

TEMPS CONTEMPORAINS

LE CHATEAU ACTUEL ET SES DIFFÉRENTS POSSESSEURS

LE COMBAT DE ROCQUENCOURT

LES MAIRES — LES CURÉS — LES INSTITUTEURS

NATURE DU SOL

11

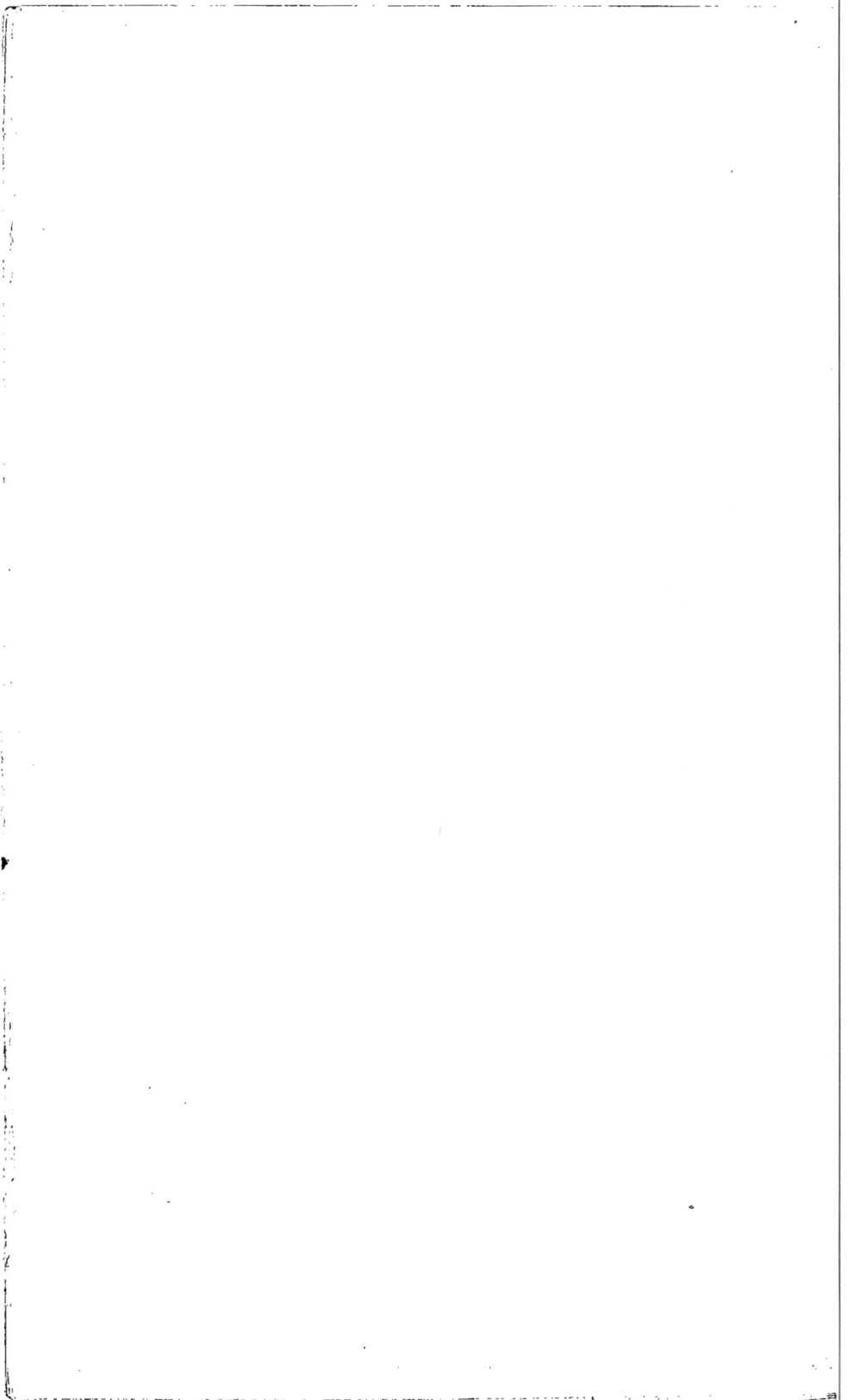

LE CHATEAU ACTUEL

ET

SES DIFFÉRENTS POSSESSEURS

Après avoir acquis l'ancien château, Mme de Provence le fit démolir avec l'intention d'en faire bâtir un autre plus décoratif. Le plan avait été approuvé par elle en 1781 et le nouveau bâtiment fut commencé ; mais, par suite de la Révolution, il resta inachevé. Plus tard, il devint la propriété de M. Dommère-Bélan qui le fit terminer.

C'est un corps de bâtiment rectangulaire, mesurant 30 m. de long sur 10 m. de large. Il ne comprenait alors qu'un étage. Tout autour se trouve un large perron orné de sphinx et de vases.

L'entrée est au nord. Cette façade comprend, au rez-
de-chaussée, 9 fenêtres ou portes-fenêtres surmontées de
7 bas-reliefs, encastrés dans le ravalement et représentant

Vue du château de Mme Heine (côté nord).

des scènes agrestes; celui du milieu est plus long que les
autres. Le 1er étage compte aussi 9 fenêtres : le milieu
est orné d'un fronton triangulaire du plus bel effet.

Les 2 côtés ont chacun 6 fenêtres, séparées par des bas-reliefs représentant des guirlandes de fleurs.

La façade sud a 11 portes ou fenêtres séparées de celles du 1er étage par 11 bas-reliefs : un autre fronton décore aussi le milieu de cette façade. De ce côté, la vue embrasse un panorama aussi étendu qu'agréable. A gauche, le Chesnay apparaît à travers les arbres du parc ; en face, Versailles étale ses maisons jusqu'aux futaies de Trianon, qui sont dominées à l'horizon par le coteau de Satory. A droite s'étend la plaine de Gally, le village de Saint-Cyr et au loin celui de Fontenay-le-Fleury.

En 1860, on le suréleva d'un étage pour y établir des chambres lambrissées.

M. Dommère-Bélan, receveur général du Bas-Rhin, habita longtemps Rocquencourt avec *Marie-Antoinette Reine* de VILLEMARD, son épouse. Il le vendit en 1824, à une *duchesse* de CORRIGLIANO, sur laquelle il a été impossible de trouver le moindre renseignement.

Celle-ci le vendit à son tour, en 1828, à M. *Eugène* BONNAFOUS, l'un des neveux de Murat, roi de Naples. L'un de ceux-ci était colonel et l'autre officier de marine.

En 1830, M. Bonnafous vendit sa propriété à M. FOULD Beer-Léon, banquier, officier de la Légion d'honneur. C'était surtout un homme de bien. Il était père d'Achille Fould, qui fut plus tard grand'croix de la Légion d'honneur, membre du Conseil privé de Napoléon III, ministre des finances.

A ce moment, il n'y avait plus d'école à Rocquencourt. Les enfants allaient, qui à Bailly, qui au Chesnay ; d'autres n'y allaient pas du tout.

En 1839, il fonda l'école gratuite et installa dans une de
ses propriétés un instituteur public rétribué par lui seul.
La mairie possède son tableau : il est représenté à mi-
corps de grandeur naturelle, assis. C'est une très belle
copie de l'original peint par Ary Scheffer.

'A sa mort, le domaine de Rocquencourt passa à
M. Furtado Elie, son gendre, banquier à Paris.

M. Furtado faisait partie du Consistoire central des
Israélites en France. Son nom se lie étroitement à l'é-
mancipation définitive de ses coreligionnaires. En 1807,
son oncle, alors maire de Bordeaux, avait présidé le
Sanhedrin réuni par Napoléon Ier. Les décisions prises
dans cette assemblée ont eu une influence considérable
sur le judaïsme français.

M. Furtado était l'un des plus anciens associés de la
maison de la banque Fould et Cie. Il mourut le 27 décembre 1867. Le château resta à sa veuve jusqu'en 1870,
époque à laquelle il devint la propriété de Mme veuve
Charles Heine, digne descendante de cette illustre famille, dont elle fait revivre les bienfaits.

Mme Heine a complètement transformé le domaine de
Rocquencourt. De tous côtés s'élèvent des serres plus
belles ou plus spacieuses les unes que les autres. Elles
fournissent à profusion des fleurs destinées ou aux appar-
tements, ou à l'entretien des nombreux et magnifiques
motifs de mosaïculture qui font l'admiration des visi-
teurs admis au château.

Outre son amour des fleurs, Mme Heine a aussi celui
de la charité. Que d'infortunes grandes et petites n'a-
t-elle pas soulagées ? — et quelquefois dans une très large

Mme Heine

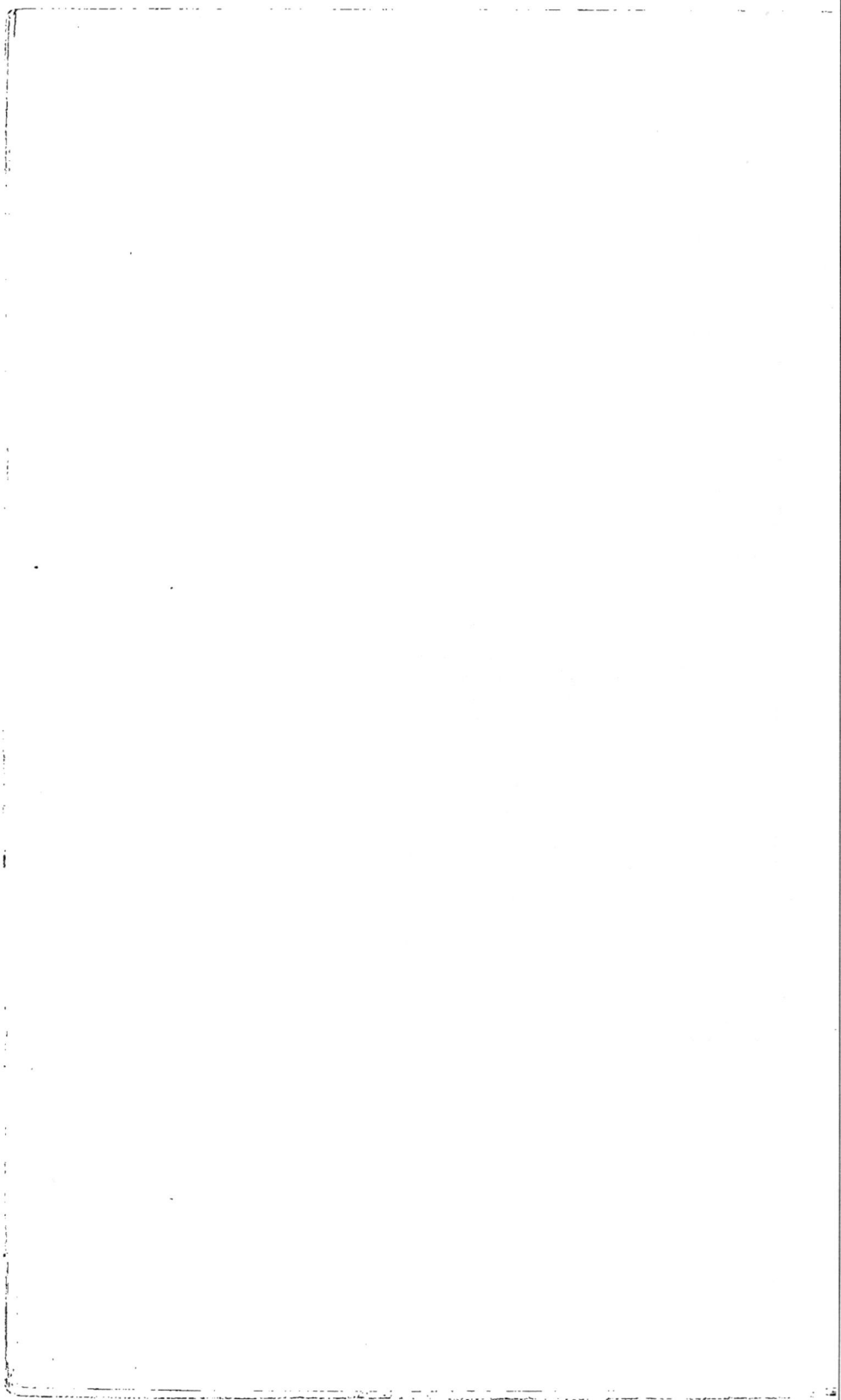

part. Entre autres, elle a fait construire à Paris, rue
Delbet, un dispensaire modèle, donné ensuite à la ville
de Paris. C'est elle seule qui pourvoit à l'entretien des
médecins et à la fourniture des médicaments nécessaires. Aussi pour la remercier de ce don magnifique, le
Gouvernement lui a remis la Croix de Chevalier de la
Légion d'honneur.

En 1895, elle a donné au Ministère de la Guerre, avec
dotation spéciale et perpétuelle, sa belle propriété de
Nice pour en faire une maison de convalescence. Là, 50
officiers français pourront, sans souci du lendemain, se
remettre de leurs fatigues et réparer leurs forces épuisées
au service de la Patrie.

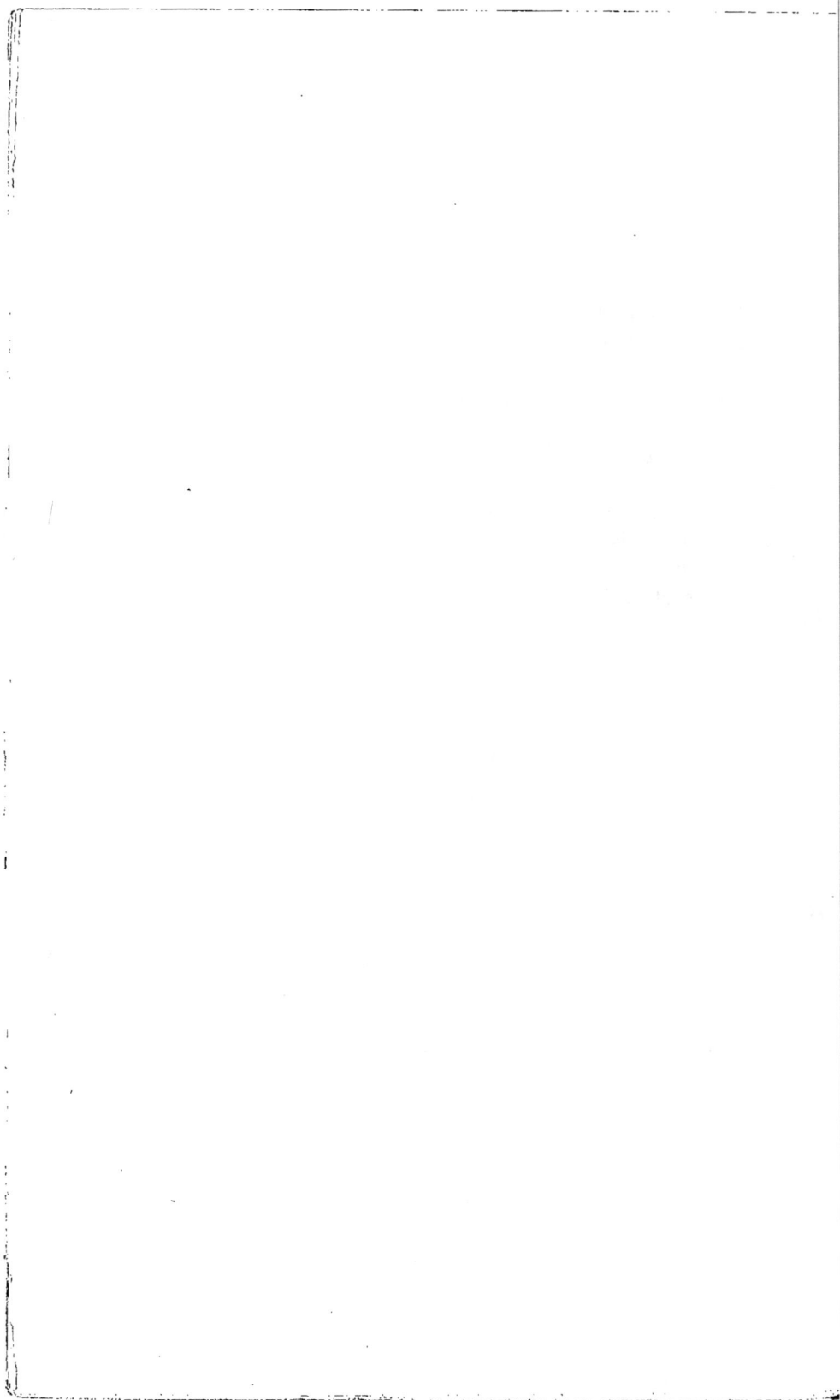

CHAPITRE II

COMBAT DE ROCQUENCOURT

ᴏᴄǫᴜᴇɴᴄᴏᴜʀᴛ tient aussi une place très glorieuse dans les pages si bien remplies de l'Histoire de France. Il s'agit ici de la victoire remportée le 1ᵉʳ juillet 1815 sur les armées ennemies.

Les troupes du 2ᵉ corps de cavalerie et les trois divisions de cavalerie légère des généraux Domon, Piré et Vallin avaient été réunies au même corps.

Voici leur composition :

2ᵉ corps de cavalerie, commandé par le général comte Exelmans : 9ᵉ division : général Flahaut, commandant la 1ʳᵉ brigade, général Burthe avec les 5ᵉ et 13ᵉ régiments de dragons, et la 2ᵉ brigade, général Chaillot, avec les 15ᵉ et 20ᵉ régiments de dragons ; — 10ᵉ division : général

Chastel, commandant la 1re brigade, général Berton, avec les 4e et 12e régiments de dragons; et la deuxième brigade avec les 14e et 17e régiments de la même arme.

A ce corps se sont réunis pour le mouvement sur Versailles:

La 3e division de cavalerie légère, général Domon: commandant la 1re brigade, général Dommanget avec le 4e régiment de chasseurs; et la 2e brigade, général Vinot, avec les 9e et 12e régiments de chasseurs.

La 2e division de cavalerie légère, général Piré: commandant la 1re brigade, général Huber avec le 1er régiment de chasseurs (colonel Simonneau), et le 6e régiment; et la 2e brigade, général Wathier, avec les 5e et 6e lanciers.

La 7e division de cavalerie légère, général Vallin: commandant la 1re brigade, général Vallin, avec le 6e hussards et la 2e brigade, général Berruyer, avec le 8e chasseurs.

Un bataillon du 44e régiment d'infanterie était joint à la brigade Huber.

La division Piré était à Issy.

« Les éclaireurs de l'ennemi avaient été signalés à Viroflay et au Puits-d'Angle, à Vaucresson. Une colonne, évaluée à plus de 6,000 hommes, était entrée à Versailles: c'étaient des Anglais et des Prussiens, représentés par de la cavalerie et de l'infanterie. Cette dernière était retranchée dans les bois. »

Aussitôt ces nouvelles connues, le général Exelmans prend ses dispositions, et le 1er juillet 1815, de son quartier général établi à Mont-Rouge, il envoie « l'ordre de mouvement » ci-après:

« Le général Piré enverra la brigade Huber, à laquelle sera joint le 44e régiment d'infanterie, par Sèvres sur Versailles, en passant par Ville-d'Avray, Vaucresson et Rocquencourt. Le général Huber devra se rendre par Vaucresson et s'établira sur le chemin de Saint-Cloud, près de Rocquencourt, et s'embusquera derrière cet endroit, de manière à recevoir l'ennemi quand je le rejetterai sur elle..... La division du général Vallin se dirigera également sur Versailles et se portera ensuite sur Rocquencourt de manière à avoir sa droite sur ce village. »

Ces dispositions éprouvèrent du retard à cause de l'absence de quelques généraux et colonels ; ce qui suspendit le départ pendant quelques moments.

Alors Exelmans envoya la 2e brigade commandée par le colonel Jacminot.

Mais quand la 1re brigade (général Huber) commença son mouvement avec le 44e régiment d'infanterie (colonel Paolini), le général Piré la rejoignit et marcha sur Versailles par les bois de Ville-d'Avray. Il avait sous ses ordres immédiats un escadron du 6e régiment de chasseurs à cheval et un bataillon du 44e régiment d'infanterie de ligne.

L'embuscade tendue à Rocquencourt avait pour but de couper la retraite aux deux régiments ennemis qui s'étaient aventurés à Versailles, et qui devaient y être attaqués par une forte colonne de cavalerie commandée par Exelmans.

Cependant, il ne faut pas confondre ces deux actions : le combat dit de Versailles, livré par Exelmans, a été entièrement distinct de celui de Rocquencourt, en ce sens que les troupes françaises qui ont pris part au premier n'ont pas combattu au second.

Lorsque les deux régiments prussiens, et deux des meilleurs de l'armée alliée, sont sortis de Versailles, ils étaient en bon ordre, marchant en colonne par peloton, au trot, sabre à la main, sans être poursuivis par aucune troupe française. Ils conduisaient en main, et fort tranquillement même, les chevaux de la vénerie de l'Empereur, qu'ils avaient enlevés dans les écuries de Versailles.

C'est un escadron du 1er chasseurs (colonel Simonneau) qui, placé à l'avance sur le côté gauche de la Porte Saint-Antoine, prit les Prussiens en flanc et en queue à leur sortie de Versailles et les poussa dans l'embuscade. Mais à la première charge, M. Rambourgt, chef d'escadron et frère du général de ce nom, fut tué d'un coup de pistolet tiré par un cavalier ennemi.

Après plusieurs charges toutes aussi heureuses que bien combinées, les deux régiments de hussards prussiens furent battus sur tous les points, fusillés, cernés, sabrés et obligés en grande partie de mettre pied à terre, les uns pour tâcher de se sauver, les autres pour se rendre. Mieux montés sans doute que leur compagnons, quelques-uns s'élancent sur la route de Saint-Germain, espérant, grâce à la vitesse de leurs chevaux, échapper au massacre. Mais ils sont vigoureusement poursuivis par les dragons qui les atteignent, en tuent plusieurs, et en font prisonniers quelques autres.

Le général Exelmans n'est arrivé à Rocquencourt qu'après l'affaire terminée et il a été agréablement surpris quoique très étonné du succès. Il donne aussitôt au baron

Simonneau, colonel du 1ᵉʳ régiment de chasseurs, de se rendre à Issy avec son régiment et avec la grande quantité d'hommes et de chevaux qu'il avait pris à l'ennemi.

Le nombre des prisonniers, tous montés, des deux régiments de hussards prussiens (de Brandebourg et de Silésie) était de 950 hommes avec les officiers supérieurs et autres. Donc, à peu d'exceptions près, la totalité a été prise à Rocquencourt. Après avoir été conduits au quartier du général Vandamme, ces prisonniers furent, le soir, amenés en triomphe à Paris.

Ainsi se passa ce fameux combat de Rocquencourt, trop peu connu.

Le compte rendu qu'en a publié le *Moniteur* n'est pas exact. Il a été l'objet d'une rectification spéciale qui se trouve aux archives du Ministère de la Guerre et d'où ont été extraits tous les documents nécessaires à l'établissement de cette notice.

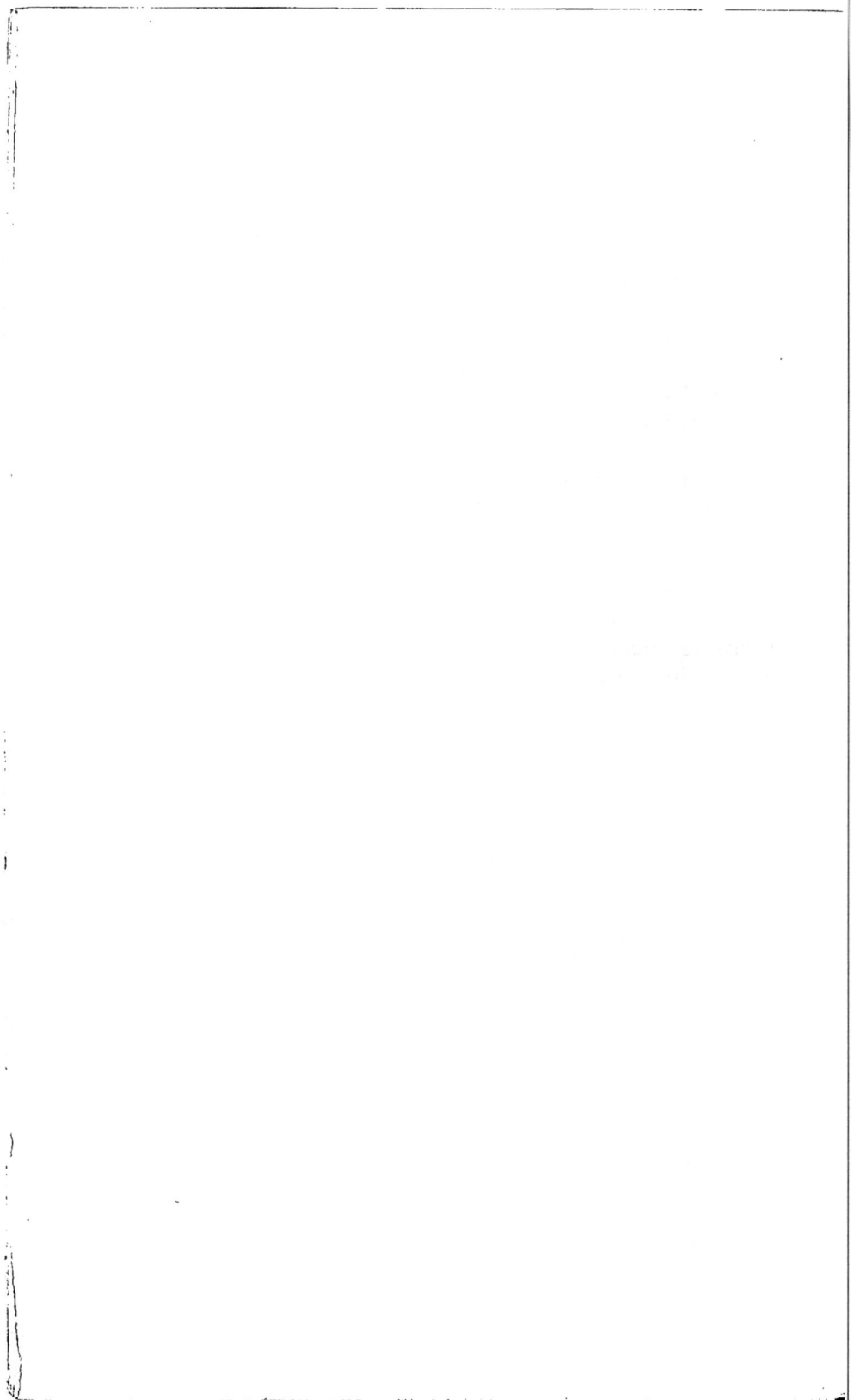

CHAPITRE III

LES MAIRES

ETIT Charles-François, curé constitutionnel de
Rocquencourt, se déclare « officier public
nommé à la pluralité des suffrages ». Sur les
derniers registres paroissiaux, il signe « officier public et
municipal ». Il eut plusieurs adjoints et plusieurs successeurs s'intitulant, qui « procureur de la commune », qui
« agent municipal », etc. Le 10 août 1791, il quitta
Rocquencourt pour aller exercer les fonctions de
« ministre du culte catholique en la commune de Septeuil,
près Mantes ». Il fut remplacé par *Broquet*, Toussaint.

Enfin, le citoyen PRÉVOST Antoine-François prend
définitivement « le décadi 30 prairial an VIII de la République française une et indivisible » le titre de *maire*.
C'est pendant qu'il remplissait ces fonctions qu'eut lieu :

1° La vente et la démolition de l'église;

2° La réunion, pour le culte, de Rocquencourt à la paroisse du Chesnay;

3° Le combat de 1815.

Il mourut le 2 octobre 1825, âgé de 71 ans « en cette commune où il était né ». L'intérim fut fait par Thomas Planquet, aubergiste.

Fouré, Joseph (1826-1829), maréchal-ferrant, lui succède.

M. Fould.

Fould, Beer-Léon (1829-1855), banquier (O. ✳), était propriétaire du château. Sous son administration, il faut remarquer :

1° La fondation, par lui, de l'école gratuite dans la commune ;

2° La révolution de 1830, qui a laissé un souvenir dans la population. Les sanglantes journées des 27, 28 et 29 juillet renversèrent Charles X, malgré la bravoure de la garde royale et des Suisses. Le roi s'enfuit de Paris et, dans la nuit du 30 au 31 juillet, un poste du 15e léger fut établi à l'extrémité nord de la commune. Le 31, ce régiment, qui avait passé la nuit à Vaucresson, en bas de la côte, traversa Rocquencourt. A midi, il passa avec la garde royale, une batterie d'artillerie et un détachement de chasseurs de la garde royale. Ils firent halte et ne partirent que dans la soirée, se dirigeant vers Saint-Cyr. Ils accompagnaient Charles X pour le protéger dans sa retraite sur Rambouillet ;

3° Le 2 novembre 1838, il célébra le mariage de Mlle *Cécile-Charlotte Furtado*, sa petite-fille, avec M. Beer-Charles Heine, riche banquier de Hambourg. Parmi les nombreuses signatures apposées au bas de l'acte, on peut remarquer celle du maëstro Giacomo Meyerbeer.

Furtado, Elie (1855-1868), son gendre, lui succéde : il était banquier à Paris. Le 9 août 1866, il procéda à la célébration du mariage de sa petite-fille adoptive, Mlle Paule Heine avec M. le général Michel Ney, duc d'*Elchingen*, petit-fils de l'illustre maréchal Ney, prince de la Moskowa, connu dans l'histoire sous le nom de

M. Furtado.

« brave des braves. » M. Furtado mourut le 27 décembre 1867, âgé de 70 ans.

PLANQUET, Edouard-Gabriel (1868-1870), son adjoint, lui succède : c'est aussi la mort qui l'enlève à ses fonctions.

AUVRAY, Paul, ✠ (1870-189..), le remplace. La guerre rendit son poste bien difficile. Il eut à lutter longtemps et énergiquement contre les prétentions et les insolences des Allemands. Ceux-ci, au nombre de 2.500, avaient envahi la commune dès les premiers jours de l'investissement de Paris. La plus grande partie des habitants avaient fui. Se considérant comme en pays conquis, les

M. Auvray

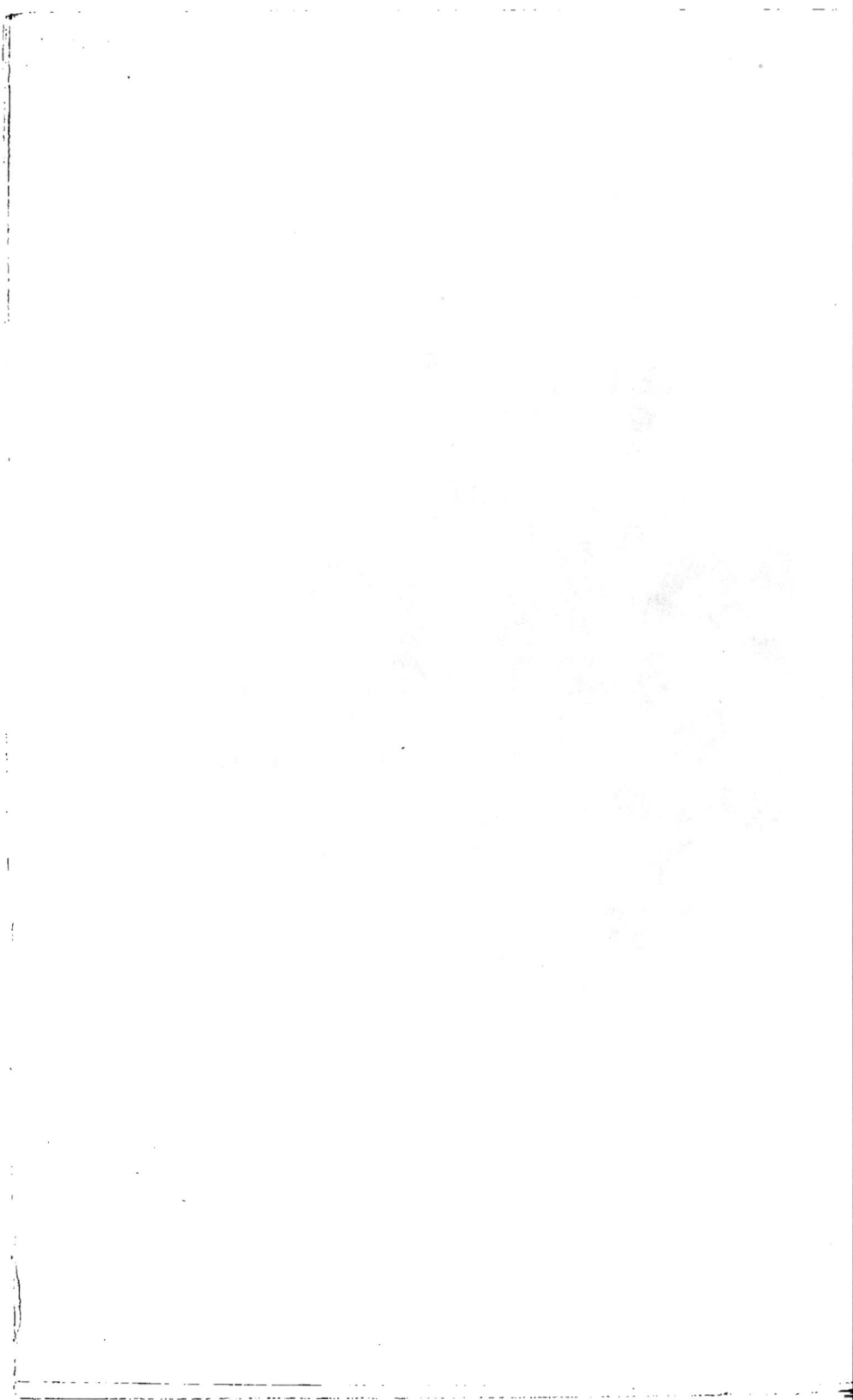

ennemis pillaient, volaient, dévastaient comme par rage. Le château ne fut pas plus épargné que les autres maisons, aussi les réclamations et les altercations avec la soldatesque allemande recommençaient chaque jour. Cette situation dura du 28 septembre 1870 jusqu'en mars 1871.

L'approvisionnement était très difficile, surtout au début de l'invasion; il fallait aller à Versailles et l'on ne passait qu'avec un permis délivré par l'autorité allemande. Malgré cela, M. Auvray fut un jour arrêté par les hulans, qui, après l'avoir brutalisé, lui déchirèrent son écharpe en voulant l'emmener en prison. Seules, les réclamations et les supplications des femmes et des enfants le firent remettre en liberté.

Ici se place un épisode peu connu.

Après la capitulation de Metz, M. Auvray reçoit, comme maire, un homme étranger au pays : c'était un officier français, le commandant Riu, qui, déguisé en artiste, tâchait de recueillir des renseignements sur l'armée ennemie. Ce dernier fut bientôt arrêté comme espion et enfermé dans l'un des boxes du haras, en attendant la Commission martiale qui devait le juger et le fusiller le lendemain. Mais pendant la nuit, pratiquant une ouverture dans le chaume de cette prison improvisée, M. Auvray fait évader le commandant qui gagne la forêt de Marly. Quelque temps après, il rejoignait l'armée de la Loire. Voilà comment échappa à la mort celui qui fut le général Riu.

Titulaire de 96 médailles ou prix d'honneur pour l'élevage du cheval, M. Auvray a été nommé chevalier du Mérite agricole par décret du 7 décembre 1889.

CHAPITRE III

———

LES CURÉS

ᴇs registres paroissiaux — « de l'église monseigneur Saint-Nicollas de Rocquencourt », — comme il est dit dans l'un d'eux, commencent au 23 novembre 1580.

Ils ont été tenus par les différents curés dont les noms suivent :

Roger : 1582-1594 ;

Chabot François : 1594-1611 ;

Leroux : 1611-1635 ;

Couret : 1635. A partir de 1637 jusqu'en 1653, il est remplacé par Capelle, qui signe seul et partout « vicaire ».

Langlois Claude : 1653-1657 ;

Symon Charles : 1657-1672 :

Pergeault Nicolas : 1672-1678. Il signait « curé de Rocquencourt et de Chèvreloup » ;

Salmon Jacques : 1678-1705. Il mourut... « le 17 juillet audict an (1705) après avoir administré la paroisse pendant 27 années avec beaucoup d'édification. » Il fut inhumé dans le chœur de l'église.

L'intérim fut fait par le « chapellain du Chesnay.

Puis viennent deux desservants qui ne font que passer :

1° Canitrot, jusqu'en avril 1706 ;

2° Lamothe de Selves, jusqu'en février 1707.

Ils furent remplacés par :

Coger Jean-Claude : 1707-1753, qui signe « professeur émérite de l'Université de Paris » Il était bachelier en théologie (*Voir sa mort, page 124*).

Chédeville : 1753-1771 ;

Lemaire : 1771 — avril 1791, auteur de nombreuses notes consignées sur les registres. Une partie a été transcrite dans la présente monographie.

Petit, 1791 et qui en 1793, signait « officier public et municipal ». Durant leurs absences, ils étaient remplacés soit par les curés voisins, soit par des cordeliers de la maison de Noisy.

Arrive alors la Révolution qui ferme les églises. Mais lorsque Napoléon Ier eût rétabli le culte, l'église de Rocquencourt ne fut ouverte que lorsqu'il fut possible d'y envoyer un curé.

Ce fut le dernier : Jean-Laurent Berthier de Chemilly. Nommé en frimaire an XI, il prit possession de son poste le 5 nivôse, et le quitta en messidor de la même année.

Quelque temps après, l'église qui n'avait pu être restaurée et qui menaçait ruine fut fermée. Par décret impérial (1811) elle fut vendue et démolie. Depuis lors, la paroisse de Rocquencourt a été réunie à celle du Chesnay.

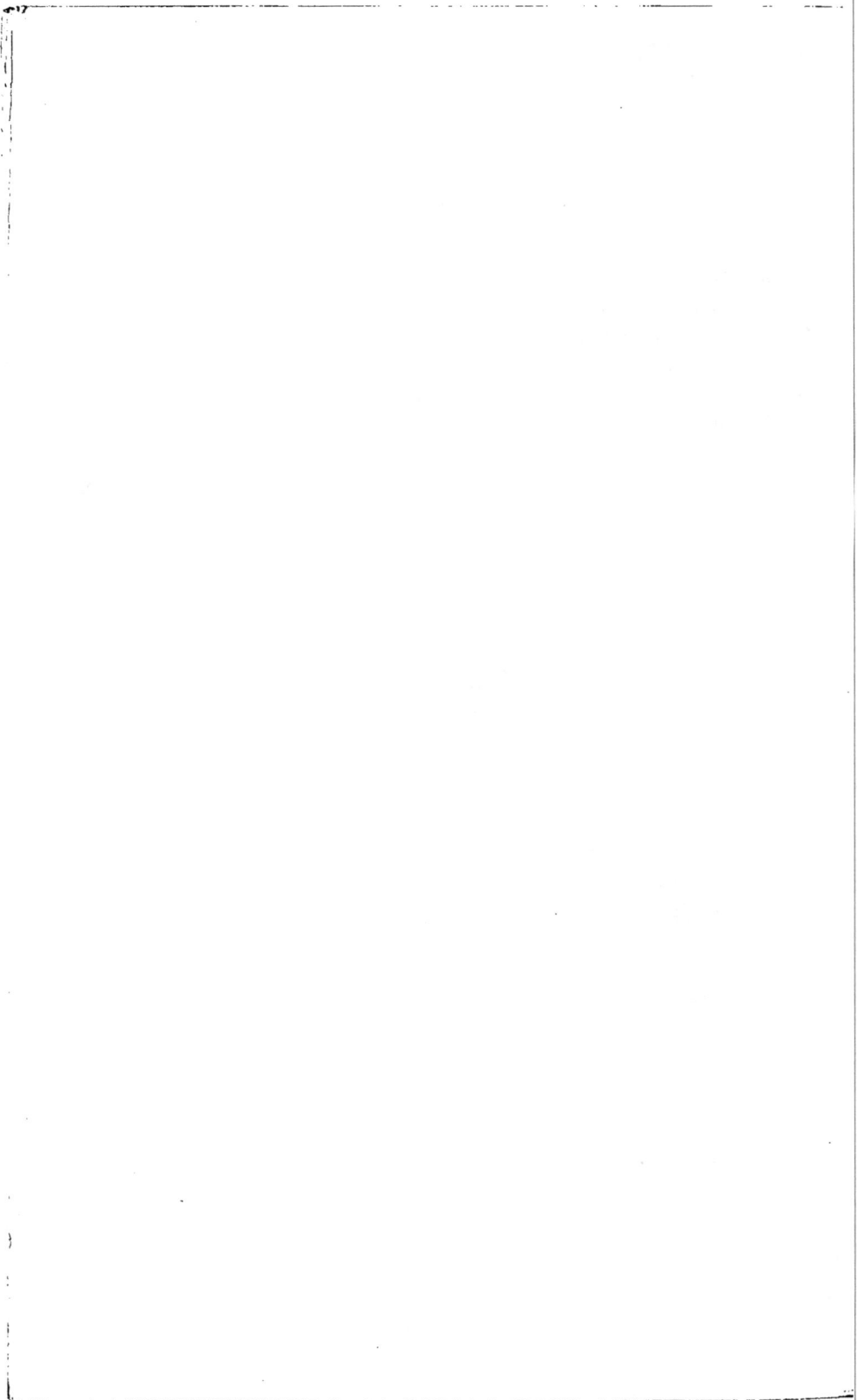

CHAPITRE V

INSTITUTEURS

A liste des instituteurs de Rocquencourt peut se diviser en deux parties.

1º Ceux qui ont exercé dans les temps anciens ;

2º Ceux qui se sont succédé depuis la réorganisation de l'école jusqu'à ce jour.

PREMIÈRE PARTIE

1676 — *Evrard.* — « François Eurard , maistre d'escole receu depuis peu (octobre) dans ma paroisse, dit le curé, avec la promesse de se faire agréer par messieurs nos supérieurs.... » Rien ne fait connaître le temps où il quitta ses fonctions.

1691-1709 — *de Cotte*. — Pierre de Cotte, qui est
« ..... décédé le sixième feurier (1709) après avoir
enseigné..... l'espace de dix-sept ans » avait une écri-
ture remarquablement belle.

1709 — *Haulard*. — Ce dernier ne paraît avoir resté
que jusqu'au 15 août.

Après son départ, les registres ne font plus mention
des « maistres d'escole » pendant 26 ans. Cependant ils
sont signés par périodes régulières et plus ou moins
longues, tantôt d'un nom, tantôt d'un autre, comme auraient pu le faire des instituteurs. En général, ces signatures sont très bien écrites ; mais rien n'indique la pro-
fession de l'auteur.

Ainsi l'on trouve :

Montamant (Pierre-Marc), mars 1712 — septembre 1720.

   —   (Jean-Baptiste), septembre 1721.

Evin (Jean-Étienne), septembre 1722 — avril 1727.

Bissonnet (Jean-Silvestre), avril 1727 — janvier 1730.

1735-1737 — *Bailly* — Enfin, le 20 octobre 1735
paraît Joseph Bailly, qui dans la suite n'est plus qualifié.
Il quitte la paroisse en septembre 1737.

Puis un nouvel intervalle de vingt années.

1756-1757 — *Dury*. — Au mois d'octobre paraît
Antoine-François-Martin Dury, qui reste jusqu'au 3 septembre 1757.

Est-ce le peu de population qui est la cause des inter-
ruptions et des passages rapides du personnel ensei-
gnant ? En 1709, Rocquencourt comptait 40 feux ; Le
Chesnay à peu près autant. Les deux villages ayant été
réunis pour le fisc le furent probablement aussi pour

l'instruction. En effet, en 1774, **M.** Lemaire, curé de la paroisse mentionne un « acte de nomination du chapelain, maître d'école de la paroisse du Chesnay ».

. . . .

Pendant la Révolution, l'école fut transférée dans le presbytère, puis dans l'église.

. . . .

1810-1812 — *Colleau.* — Etienne-Jean-Baptiste Colleau, était perruquier, et tout en exerçant son industrie remplissait les fonctions d'instituteur. Grâce à un certificat du maire, il put exercer ses doubles fonctions jusqu'au mois de juin 1812, époque à laquelle il partit à Maule.

On ne retrouve ensuite trace d'instituteur qu'en 1818.

1818-1821 — *Galichet.* — Jean-Claude Galichet, avait d'abord exercé au Chesnay; en février 1821, il signe « maître d'école » mais en décembre, il est « marchand-de-vin-cabaretier. » Il est probable qu'il avait quitté l'instruction.

DEUXIÈME PARTIE

M. Fould, propriétaire du château et maire de Rocquencourt, voyant les enfants aller à l'école, soit à Bailly, soit au Chesnay, veut remédier à ce fâcheux état de choses : il fonde l'école gratuite dans la commune. Il l'installe, avec la mairie, dans l'un des bâtiments qui lui appartiennent.

Les instituteurs qui ont dirigé l'école communale mixte de Rocquencourt pendant cette dernière période, sont :

1839-1850 : Pigis François-Antoine ;
1850-1864 : Messin Jean ;
1864-1867 : Richomme Louis-Achille ;
1867-1871 : Damars Louis-Léon ;
1871-1872 : Molignié Désiré ;
1872-1878 : Binant Édouard ;
1878-1881 : Toussaint Henri-Alphonse ;
1881-189 : Guibert Louis-Clément.

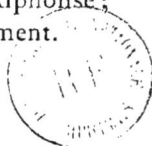

CHAPITRE VI

NATURE DU TERRAIN

Détail des couches souterraines rencontrées dans le forage d'un puits, au lieu dit « les Quatre-Arpents ».

ALTITUDE AU SOMMET : 139 MÈTRES.

Terre végétale : limons quaternaires 3ᵐ 00

Sables supérieurs (m ɪɪ)	Sables micacés, jaunes, un peu argileux	6	35
	Marne argileuse verdâtre.	0	70
	Sables maigres·	1	70
Marnes à huîtres (m ɪɪɪ)	Marne brun-verdâtre, coquillière . .	0	90
	— brune et vert-clair, coquillière.	0	43
	— brune et gris-bleuâtre.	1	15
	— grise, calcarifère, ferme. . . .	1	78
	— grise, blanchâtre.	1	70
Marnes vertes (e ⁴) et formation gypseuse (e ³)	Marne brune et vert-clair	2	65
	— grisâtre, ferme.	0	30
	— dure.	0	55
	— vert-clair.	1	10
	— violette.	1	10
	— vert-clair.	1	70
	— blanc-grisâtre.	4	50

13

Calcaire de Saint-Ouen (e ')	Sable jaunâtre, marneux, ferme . . .	o	53
	Calcaire lacustre, jaunâtre, à texture grenue (travertin)	o	81
	Calcaire lacustre, gris-jaunâtre, à grain fin, très dur.	o	95
Sables moyens (e ')	Marne jaunâtre, ferme et en plaquettes.	1	60
	— gris-verdâtre, compacte, légèrement sableuse.	o	95
Caillasses du calcaire grossier supérieur (e 1)	Marne jaunâtre, coquillière et plaquettes (cérithes, etc.).	2	50
	Marne compacte, ligniteuse	o	10
	— jaunâtre et plaquettes.	1	70
	— grisâtre et rognons de calcaire lacustre gris-noirâtre	o	85
	Marne jaunâtre, graveleuse, rognons de calcaire jaunâtre et druse. . . .	1	25
	Marne jaunâtre et sable calcaire à petit et à gros grains	o	22
	Marne blanc-jaunâtre et plaquettes calcaires jaunâtres.	o	88
	Calcaire lacustre, jaunâtre, très dur .	o	30
	Marne jaunâtre et plaquettes calcaires	o	30
	Plaquettes de calcaire lacustre, jaunâtre, très dur	1	35
Calcaire grossier moyen et inférieur (e 11)	Marnes calcaires, bleuâtres, à milioles.	3	25
	Sables calcaires, marneux, miliolitiques, glauconieux.	2	50
	Calcaire grossier, glauconieux, miliolitique.	4	15
	Sables calcaires, glauconieux et plaquettes calcaires.	o	65
	Sables calcaires gris-jaunâtre, fins, glauconieux.	o	50
	Sables gris, quartzeux, glauconieux, avec petits graviers, silex noirs, roulés, et nombreuses coquilles. . . .	o	15
	Calcaire coquillier, glauconieux . . .	o	27

Sables du Soissonnais (e ɪɪɪ)?	Sables marneux, verdâtres, glaucon .	o	53
	Calcaire coquillier, glauconieux . . .	o	22
	Marne sableuse, verdâtre, avec pyrites et silex roulés.	o	14
Argile plastique (e ɪv)	Argile verdâtre, compacte.	o	44
	— jaunâtre, rouge, grise.	o	55
	— — verdâtre, grise . . .	o	85
	— panachée, rouge et jaune-verdâtre	1	65
	Argile panachée, rouge et rouge-grisâtre	1	20
	Marne argileuse, jaune-verdâtre, avec veines blanches, magnésiennes, rognons calcaires et silex	4	80
Marnes de Meudon (e vɪ) (calcaire de Mons)	Marne argileuse, gris-jaunâtre, ferme.	4	95
Craie blanche sénonienne (c 8) et (c 7)	Marne crayeuse, gris-bleuâtre, à silex noirs	1	66
	Marne crayeuse, jaunâtre.	1	75
	— — grisâtre	1	45
	Craie légèrement bleuâtre, ferme. . .	o	75
	— blanche, ferme	4	65
	— — très dure.	2	90
	— — à nombreux silex noirs.	4	90
	— — dure, avec banc de silex	o	41
	— — très dure, silex. . . .	o	94
	Banc de silex.	o	27
	— — ferme, silex	o	58
	Banc de silex.	o	23
	— — grisâtre, ferme. . . .	1	67
	— — ferme, silex	2	65
	— demi-tendre.	1	45
	— dure, silex.	o	80
	Banc de silex.	o	37
	— blanche, demi-tendre	2	68
	Banc de silex. . . .	o	20
	— blanchâtre, silex.	o	30
	Fond du forage à	101ᵐ,85	

SOURCES

Auxquelles ont été puisés les renseignements contenus dans la présente notice.

Archives communales de 1580 à 1895. — Archives départementales. — Pouillé du diocèse de Versailles, par l'abbé Gauthier. — Histoire des environs de Paris, Dulaure. — Annuaire du département. — Maquet : Notice sur Rocquencourt. — d'Hozier (Armorial). — Histoire du diocèse de Paris, l'abbé Lebœuf. — Archives du Ministère de la Guerre. — Archives nationales. — Mercier, etc., etc.

Les gravures ont été extraites des *Environs de Paris*, maison May et Motteroz, éditeurs, rue Saint-Benoist, Paris.

Versailles. — Imp. Cerf et Cⁱᵉ, 59, rue Duplessis.